日・ウクライ
外交関
樹立30周年記念出

日本とウクライナ

二国間関係120年の歩み

ヴィオレッタ・ウドヴィク 著

インターブックス

日本とウクライナ

二国間関係120年の歩み

ヴィオレッタ・ウドヴィク　著

インターブックス

メッセージ

本書の著者ヴィオレッタ・ウドヴィクさんは、在日ウクライナ大使館に二等書記官として勤務し、さまざまな外交イベントや文化イベント、両国の要人通訳等の業務を通じて、優秀な専門家としてのスキルを発揮してくださいました。本書で初めて、ウクライナ人の目から見た日本とウクライナの関係史が紹介されていますが、歴史政治学の研究者として、また外交官として豊かな経験を積んできたウドヴィクさんは、この分野においてウクライナを代表する、最も相応しい著者であると確信します。最初の接触から現在に至る両国の政治外交、経済、安全保障、原発事故処理、科学技術、文化の関係発展の歩みを総合的に理解するために好適な本書を、日本のみなさまにぜひお読みいただきたく思います。

日本・ウクライナ外交関係樹立三〇周年にあたる二〇二二年、本書の刊行によって両国国民の相互理解がさらに深まり、二国間の友好関係がいっそう強化されることを期待しております。

駐日ウクライナ特命全権大使

セルギー・コルスンスキー

はじめに

本書は、ウクライナと日本との接触が始まった二〇世紀初頭から現代にかけて、民間交流、政治、安全保障、経済、核の安全、技術、文化を含めた両国の関係史を総合的に考察し、以下の具体的な疑問に答えることを目指しています。

・日ウ関係発展の主要時期はいつであったか。
・各分野のおもな協力メカニズムおよび進展内容は何か。
・日本とウクライナとの関係は将来的にどう発展していくか。

本書の執筆にあたっては、まず、公式文書と関連文献を中心に検討し、日本とウクライナの関係発展の歴史と沿革を辿るとともに、両国の要人へのインタビューや専門家との意見交換を行い、日ウ関係の発展だけでなく、日本外交の政策や概念などについても分析しました。

筆者は、ウクライナのメチニコウ記念オデーサ国立大学社会科学学院（現在、国際関係・政治学・社会学学部）国際関係学科で国際政治と日本語を学んだ後、国費留学生として来日し、東京大学大学院法学政治学研究科で日本政治外交史とアジアにおける国際関係を勉強しました。指導教官であった北岡伸一教授の勧めで、日本とウクライナの二国間関係を研究テーマに選び、日本語による「日本・ウクライナ相互関係史」という修士論文にまとめました。また、東京大学大学院在学中にオデーサ国立大学大学院にも籍を置き、現代日ウ関係史の博士論文により博士号を取得しました。

最初に日本に興味を持ったのは、オデーサ国立大学国際関係学科に日本語コースが設置され、日本語学習にチャレンジしてみたいと思ったことがきっかけでした。そこから筆者の人生が大きく変わりました。多くのご縁があり、日本が筆者にとって第二のふるさとになりました。

留学生時代には、在日ウクライナ大使館領事部のボランティアとして、大使館のさまざまな業務をサポートする機会に恵まれました。グローバル・フォーラム開催の「日・黒海地域対話」（二〇一〇年）という大きな外交イベントに参加したり、二〇一二年三月には日本を公式訪問したウクライナ最高会議議長に同行して通訳を務め、福島第一原発関連施設をはじめ福島県と宮城県の被災地を訪れて、東日本大震災一周年追悼イベントに出席しました。

二〇一七年、在日ウクライナ大使館二等書記官として正式に勤務することになり、ウクライナ外務省、セルギー・コルスンスキー大使のご指導と日本のパートナーや在日ウクライナ人コミュニティのご協力のもとに、数多くの文化・教育・スポーツイベントをオーガナイズしました。二〇一九年、令和天皇の即位礼正殿の儀参列のため日本を訪問したヴォロディーミル・ゼレンスキー大統領に同行するなど、さまざまな外交イベントに携わる機会も増え、コルスンスキー大使の信任状捧呈式の際には現天皇陛下にお会いすることができました。さらに、外交通訳者としての経験を重ね、二国間関係史上初の日ウ安保協議や、日本訪問中のゼレンスキー大統領をはじめ、ウクライナの教育科学大臣、環境大臣、国防大臣の通訳を務めたこともあります。

こうした外交官としての経験およびヴィジョンを持った上で、本書では公開情報に基づき、歴史的視点から、ウクライナ人の目で見た二国間関係の分析を行っています。

なお、本書のまとめとして今後の二国間関係発展を展望し、原稿執筆を終えたのが、二〇二二年二月一九日、筆者の出身地であるウクライナのオデーサでのことでした。

そのわずか五日後、ロシアのウクライナ侵攻によって全面戦争が始まりました。ウクライナは物的・人的に甚大なダメージを受け、進行・継続中だった各分野の二国間対話やプロジェクトが中断を余儀なくされるなど、その影響は日ウ関係のあらゆる分野に及んでいます。

ウクライナ情勢が激しく変化する中で、先行きの見通しは困難な状況です。しかし、将来、戦争が終結し、平和が回復した時には、二国間プロジェクトの再開や新たな復興支援が期待され、日本とウクライナの関係はより強固なものになっていくことと確信します。その時のためにも、これまでの両国関係を総合的にまとめておくことは大きな意義があると考え、本書では主として二〇二二年までの日ウ関係について概説しています。

いま、「ウクライナはどんな国？」と尋ねれば、「ロシアの侵攻を受けて戦争状態にある国」「そのため大勢の人々が日本や世界中に避難している国」と答える人がほとんどかもしれません。けれども、そればかりではなく、日本とウクライナの関係は二〇世紀初めからの長い歴史があり、とりわけウクライナ独立後、今日まで三〇年の間に官民にわたる交流と協力関係を深め、普遍的価値観を共有する友好国となっています。そのような日ウ両国関係の歩みを、本書を通じて多くの日本のみなさんに知っていただけましたら幸いです。

二〇二二年八月

ヴィオレッタ・ウドヴィク

※本書のウクライナ語の地名のカタカナ表記は、二〇一九年九月四日に採択された「ウクライナの地名のカタカナ表記に関する有識者会議」報告に準拠しています。

プロローグ

ウクライナの歴史と日本との共通点

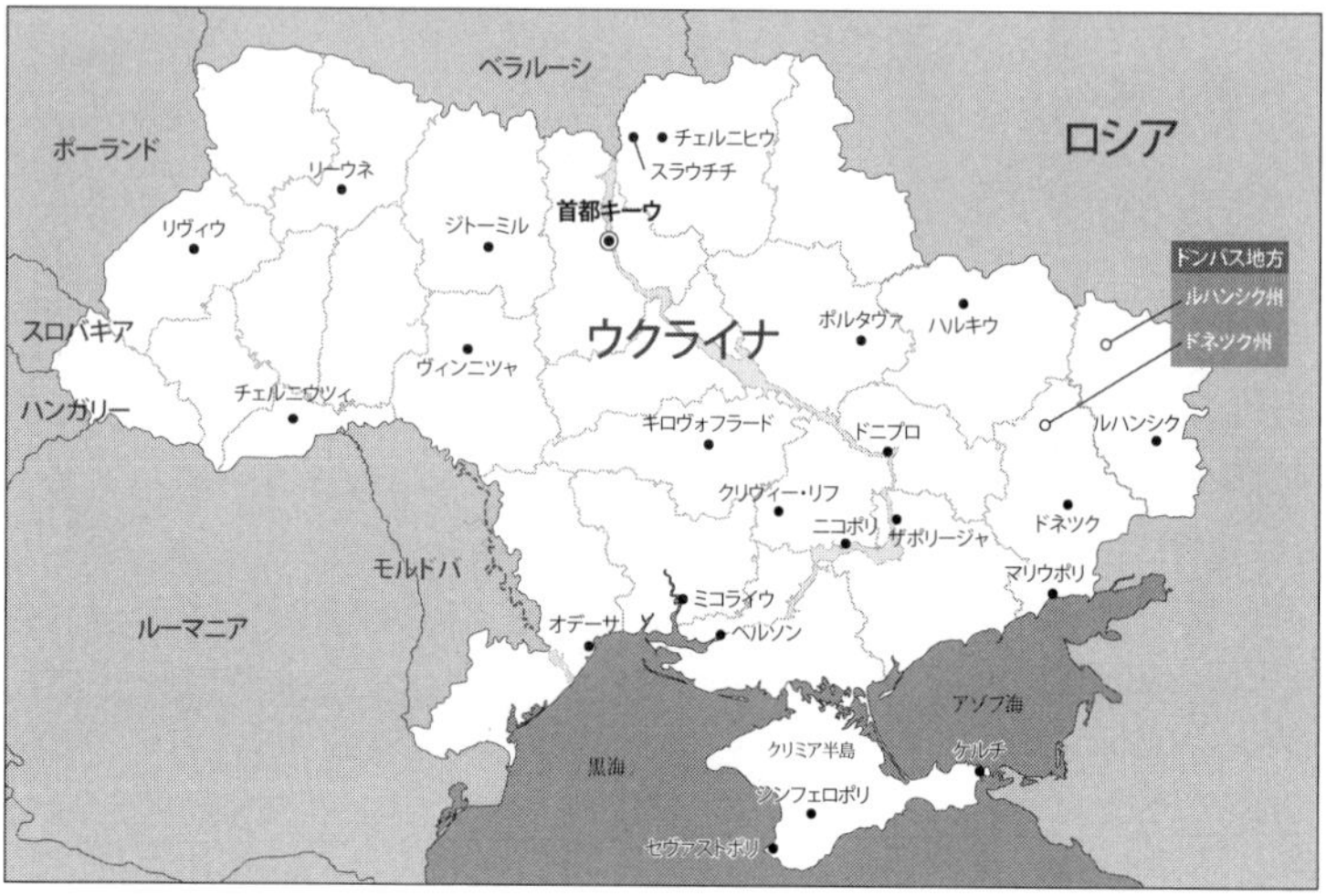

前頁扉写真
ルーシ時代建造の聖ソフィア大聖堂。
写真提供:在日ウクライナ大使館

ウクライナとは

乾杯の挨拶は「存在しましょう!」

ウクライナ(ウクライナ語:Україна 発音は「ウクライーナ」)について、日本ではいろいろなイメージがあると思いますが、実際はどんな国でしょうか。

ウクライナという国名は、一五世紀に成立した「イパーチー年代記」[1](アカデミア写本)の中のルーシ(ルーシ大公国)に関する一二世紀の歴史資料で初めて言及されています。「ウクライナ」という語は、「故国、祖国、国」を意味しています。

ウクライナ人は、乾杯する時、「ブージモ」と挨拶します。この言葉は、ウクライナ語の動詞「ブーティ」(「ある、いる、存在する」の意味)の命令形にあたり、日本語に直訳すれば、「存在しましょう」になります。

日本では「乾杯」(杯を飲み干す)、イギリスでは「Cheers」(幸福を祈る)、ドイツでは「Prost」(健康を祈る)、モルドバでは「Noroc」(幸運を祈る)と理解しやすい言葉を使うのに対して、ウクライナの場合は「存在しましょう」と祈る理由はなぜでしょうか。答えは、ウクライナの歴史にあります。それは独立と自由のための戦いの歴史だからなのです。

ウクライナ古代略史

最初に、ウクライナの古代史を見てみましょう。黒海の北の土地は、世界文明の発祥地の一つとされており、ウクライナのザカルパッチャ地方コロレヴェ村にある、欧州・東欧で最も古い史跡は、紀元前百万年に遡ります。[2] 現代人の始祖とされるホモサピエンスは、後期旧石器時代（三万〜一万年前）に、現在のジトーミル、チェルニヒウ、キーウ周辺を中心に約八〇〇か所の野営地を設立し、[3] ウクライナをヨーロッパで最初の居住地の一つとしました。また、ウクライナ北部のチェルニヒウ州ミジン村から出土した、約二万年前にマンモスの骨で作られた楽器によって人類史上最古のオーケストラが存在したことがわかり、[4] 世界に類を見ない音楽アーティファクトとなりました。それは発見地にちなんで、ミジン文化と名づけられています。

東ヨーロッパの最古の文化であるトリピリャ文化（ククテニ文化）は、新石器時代・青銅器時代（紀元前六〇〇〇年〜二〇〇〇年頃）に、現在のウクライナ・モルドバ・ルーマニアにあたる、カルパティア山脈からドニプロ川付近にかけての地方で開花しました。トリピリャの人々は、農耕と牧畜を中心とした生活を営み、書記法として利用されていたと言われる独特の文様が描かれた彩陶を作っていました。トリピリャ文化では、およそ三〇〇〇軒の二階建て[5]の家に最大で一万五〇〇〇人ほどが居住できる、当時としては世界最大の都市もあったと考えられています。

現在のウクライナとほぼ一致している最も古い国は、紀元前七世紀か

トリピリャ（ククテニ）文化の彩陶。Photo: "Cucuteni Pottery5" by Cristian Chirita

ら紀元前四世紀にかけて存在していたスキタイです。スキタイ人は、農業を推進した遊牧騎馬民族であり、美しい金細工で有名な文化を築きました。優れた戦士でもあり、ペルシアのダレイオス大王とマケドニア王国のアレキサンダー大王がスキタイを征服しようとして敗北しています。ウクライナの民族衣装の男性のズボン「シャロヴァーリ」は、スキタイから引き継がれたものです。またウクライナ語の「メッド」(はちみつ)と「ストラヴァ」(料理)などはスキタイ語に由来しています。スキタイ人、その末裔のサルマタイ人、そしてスラブ人が現代のウクライナ人の直接の祖先だとされています。[6]

スキタイの金の首飾り(前4世紀)。ウクライナ中部ドニプロペトロウシク州ポクロウから出土。

国家形成の四つの時期

ウクライナの国家形成には、四つの時期がありました。ルーシ、コサック国家、ウクライナ人民共和国、そして現在のウクライナです。

第一に、五世紀に誕生した町キーウを首都とするウクライナの最初の中央政権国家であるルーシが、スラブ民族を中心に九世紀に建国されました。一〇世紀にヴォロディーミル一世がキリスト教を導入し、ルーシ大公国は一一世紀には、ヨーロッパの文明先進国の一つになりました。フランス、ポーランドとハンガリーの国王は大公国に接近を試み、ヤロスラウ一世の娘たちと結婚しました。一三世紀になると、モンゴル帝国軍の侵攻によってルーシ大公国が崩壊し、その政治体制と伝統は一四世紀まで存在したハーリチ・

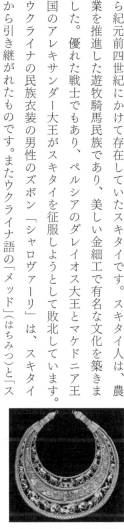

ヴォリーニ大公国に受け継がれました。その後、ウクライナはリトアニア大公国やポーランド王国の支配下に入りました。

第二に、一五～一六世紀にウクライナでコサック国家が形成されました。コサックは侍のような戦士であった一方、民主主義の伝統もあり、「コザツィカ・ラーダ」という議会を設け、「ヘチマン」というリーダーが選挙で選ばれていました。コサックは独立を目指してポーランドと戦いましたが、モスクワのツァーリと同盟を結ぶ中で裏切られ、一八世紀にはウクライナの国土のほとんどはロシア帝国に支配されるようになります（西部はオーストリア・ハンガリー帝国、南部はオスマン帝国にコントロールされていました）。

キーウの聖ソフィア大聖堂。1037年建立。ウクライナ最初の国家ルーシ最大の聖堂で、世界遺産に登録されている。

第三に、二〇世紀の初めに、ウクライナは独立国家として再登場します。一九一七年、第一次世界大戦で疲弊したロシアで革命が起こり、ロシア帝国とオーストリア・ハンガリー帝国が崩壊した結果、ウクライナ人民共和国が誕生し、一九二一年まで存在していました。しかし、ウクライナに侵攻した共産主義者が人民共和国軍に勝利したため、ウクライナはソビエト社会主義共和国連邦の一部になりました。ソ連時代は、ホロドモール大飢饉、政治的弾圧、ロシア語化などの苦難の時期があり

ウクライナ人民共和国発行の切手。中央にウクライナの国章があしらわれている。

ました。

第四に、一九九一年八月二四日、ソ連の崩壊とともに、ウクライナは独立を回復しました。地球の三分の一の黒土を保有し、ヨーロッパの穀倉地帯として知られているウクライナは、国土の七割が農地の農業国であり、また世界最大の貨物飛行機アントノウ「An-225 ムリーヤ」を製造した技術国であり、独自の文化を持つ独立国として世界地図に再登場しました。二〇一三年～二〇一四年に「尊厳の革命」が起こり、ウクライナのEUへの加入を阻止しようとした親ロシア政権が崩壊し、ウクライナは自由国家になりましたが、一方でクリミア半島とドンバス地域のロシアによる一時占領が始まりました。[7] 日本はそれを受け、ウクライナの領土の一体性および主権を支持し、ウクライナに対する援助を増加するとともに、ロシアに対して制裁を開始しました。

現在、ウクライナはロシアの侵略によって非常に大きな困難に直面していますが、日本をはじめとする友好国によって支援され、防衛能力の向上、国内改革の実行および外交政策の推進を図りながら、ヨーロッパの自由な民主主義の独立国として発展していく方針を採っています。

日本とウクライナとの共通点

意外に思われるかもしれませんが、日本とウクライナにはさまざまな共通点があります。

芸術文化の愛好

その一つに、芸術文化の愛好があります。たびたび来日しているウクライナのキーウ・バレエ、キーウ・オペラ（ウクライナ国立歌劇場）、キーウ国立フィルハーモニー交響楽団は非常に人気が高く、来日公演は毎回、満席になっています。

日本と同様、ウクライナは文化大国と呼ばれてもよいほど、たくさんの芸術家を生み出してきました。世界的に有名な小説家のミコラ・ホーホリ（ゴーゴリ）、画家のダヴィド・ブルリュークとカジミール・マレーヴィチ、彫刻家のアレクサンドル・アーキペンコ、バレエダンサーのセルヒー・リファールはウクライナ生まれでした。音楽の世界でも、何度も来日している世界的ピアニストのスヴャトスラウ・リヒテルとヴォロディーミル・ホロヴィッツ、ヴァイオリニストのダヴィド・オイストラフ、レオニード・コーハン（コーガン）とオレーフ・クリサ、「最も美しく魅力的な蝶々夫人」と作曲家プッチーニから賛辞を贈られたソプラノ歌手のソロミア・クルシェルニツカもウクライナ出身の素晴らしい芸術家です。

蝶々夫人に扮したソロミア・クルシェルニツカ（1872-1952)。20世紀前半の最も著名なソプラノ歌手の一人といわれる。リヴィウ音楽院に学び、のちに教授も務めた。

伝統文化の類似点

伝統文化の分野でも、類似しているところがあります。キリスト教が導入される前のウクライナ古来の宗教は、神道のような多神教でした。「モタンカ」というウクライナの伝統的な魔よけの人形は、顔に太陽を象徴する十字をつけています。日本文化でも太陽の神様である天照大神の存在が大事にされています。

両国の木造建築も似ているところがあり、長野県の安楽寺とリヴィウ州の聖ミコライ聖堂などが比較[8]されています。日本の民家とウクライナの家「ハタ」はどちらも茅葺きの屋根です。日本の家庭に仏壇と神棚があるように、ウクライナにはキリスト教のイコンがあるという類似点もあります。

日本のおもてなし文化は世界的に有名ですが、ウクライナにも同じような習慣があります。ウクライナ人は大事な人を迎える際、ルシニークという伝統的な刺繍した布に、伝統的な結婚式などでも振る舞われるコロヴァイという特別なパンと塩をのせて、お客さんを歓迎します。

ウクライナの伝統的な魔よけの人形モタンカ。顔の十字は太陽の象徴とされている。
photo：著者提供

ウクライナ伝統のパン「コロヴァイ」。結婚式や大切な客人をもてなす時などに供される。
photo：著者提供

武士の文化

武士の文化にも共通したところがあります。日本でよく知られている「コサック・ダンス」は、もともとウクライナのコサックによって軍事トレーニングと兵士の士気高揚のために作られたもので、正式には「ホパーク」と言います。ホパークは、同じくコサック時代に由来しているホルチングとスパスという武道とともにウクライナの国技になっています。現在は踊りとして発展し、世界的に有名なパウロ・ヴィールシキー記念ウクライナ国立民族舞踊団により公演が行われています。オペラでは、チャイコウシキー作曲の「マゼーパ」、M・リセンコの「エネイーダ」および「タラース・ブーリバ」、S・フラーク＝アルテモーウシキーの「ドナウ川のコサック」などにもこのダンスが出てきます。

友好のシンボル

さらに、両国間の友好関係の大事なシンボルとして挙げられるのは、第四八代横綱の大鵬幸喜[9]でしょう。母親は日本人、父親はウクライナのハルキウ出身のマルキヤン・ボリシコでした。大鵬幸喜の本来の名前はイヴァン・ボリシコでしたが、出身地のサハリンがロシアに占領されたため日本に引き揚げ、納谷《なや》幸喜《こうき》という日本人の名前を受けました。二〇一七年、ウクライナ最高会議のアンドリー・パルビー議長が日本を訪問し、徳仁皇太子殿下（当時。現令和天皇）を表敬した際、皇太子殿下は「伝説に残るほど有名な日本の相撲チャンピオンの大鵬幸喜は、ウクライナの出身であり、そのことは両国民を結びつける[10]」という旨のご発言をされました。

ウクライナの伝統舞踊ホパーク（コサック・ダンス）の公演。
photo：パウロ・ヴィールシキー記念ウクライナ国立民族舞踊団提供

「核の悲劇」の共通経験

日本・ウクライナ両国は、ともに「核の悲劇」を経験しました。日本は一九四五年に広島と長崎への原爆投下、二〇一一年に福島第一原発事故を経験し、ウクライナでは、一九八六年にチェルノブイリ原発事故が発生しました。チェルノブイリの事故後、日本の医療専門家がウクライナに対して被爆者治療に関する経験を共有し、日本の民間団体からさまざまな援助がウクライナに送られるようになりました。日本政府もチェルノブイリ関連プロジェクトのために資金援助を行っています。一方、福島の原発事故が発生した時、ウクライナ政府は即座に毛布と放射能測定器を日本に送り、福島の子どもたちの健康を守るためにクリミアでの受け入れを申し出ました。このように、両国は災害時に相手を助ける用意を確認してきました。

普遍的価値の共有

最後に、日本とウクライナは国際社会が分かち合う普遍的価値を大事にしています。普遍的価値とは、民主主義、人権の保護、市場経済の促進、そして言論の自由などを意味します。国際関係においては、両国とも武力による現状変更を認めない立場をとり、クリミア問題、北方領土問題にも取り組んできました。また、核の不拡散、軍縮、国連改革、環境保護などの国際問題の解決のために一緒に働いています。

お互いへの興味

二〇世紀前半に始まる相手国の研究

日本とウクライナは二〇世紀の前半からお互いへの興味を持ちはじめ、相手国に関する研究が行われるようになりました。

まず、日本は、極東および満州におけるウクライナ人の活動に注目しました。日本の外務省によってさまざまな報告書が作成され、その中でウクライナ人は初めて、独立した民族として扱われています[11]。一九〇二年から一九三七年にかけてオデーサにあった日本領事館もウクライナの事情や国民運動などについて資料を残しています[12]。

日本側が政治的な動機に基づいて、ウクライナ人の国民活動に関する情報を重視したのに対して、ウクライナ側では、科学的かつ文化的な興味に力点が置かれました。日本に関する研究が一九〇三年にハルキウ大学で始まり、科学者のV・シェルツィリ、P・サウチェンコ、A・クラスノウ、キーウ商業学院のS・ノヴァキウシキーが日本に関する論文を発表しまし

1926年設立の全ウクライナ東洋学会が発行していた雑誌『東洋の世界』。

た。一九二六年、全ウクライナ東洋学会が創立され、『東洋の世界』という雑誌を出版するようになりました。

一九三〇年代、スターリンによる粛清のためウクライナにおける日本の研究がほぼ途絶えましたが、一九五〇年代からY・ポビレンシキー、一九七〇年代からM・フェドリシン、O・シェレストヴァ、B・ヤツェンコ、V・レザネンコらによって、徐々に復活するようになりました。一九七〇年代には、満州とニューヨークで活躍したウクライナ人のイヴァン・スヴィトによる日本とウクライナとの関係に関する初の書籍が出版されました。そしてウクライナ独立後、V・ルーベリとI・ボンダレンコが日本研究の発展に大きく貢献しました。[13]

現在のウクライナ・日本研究

現在、日本におけるウクライナ研究は、主に一九九四年に東京大学の中井和夫教授が創設したウクライナ研究会によって行われています。また、北海道大学スラブ・ユーラシア研究センター、ユーラシア研究所のほか、東京大学、明治学院大学、神戸学院大学、早稲田大学、慶應義塾大学、静岡県立大学、筑波大学、平成国際大学でもウクライナの研究が行われています。ウクライナ語は東京外国語大学および神戸学院大学で教えられています。[14]

ウクライナでは、T・シェウチェンコ記念キーウ国立大学、キーウ国立語学大学、B・フリンチェンコ記念キーウ大学、G・スコヴォロダ記念ハルキウ大学、I・メチニコウ記念オデーサ国立大学、P・モヒーラ黒海国立大学、O・ホンチャル・ドニプロ国立大学、リヴィウ工科大学およびI・フランコ記念リヴィウ国立大学において、日本語と日本学の研究が行われています。また、ウクライナ国立科学アカデミーにはA・クリムシキー記念東洋学研究所が置かれています。[15]

第1章

初めての接触およびソ連時代における交流と協力

前頁扉写真
1926年〜1937年に在オデーサ日本領事館があった
プリモルシキー通り1番。
写真提供:在日ウクライナ大使館。

第1節　在オデーサ（オデッサ）日本領事館と日本文化紹介

名誉領事館の日本製品展示会

明治維新以降、日本は国際舞台において積極的に存在感を示すために、世界各地に日本領事館を開設した。オデーサにおける日本領事館もその一つであった。オデーサは当時、ロシア帝国の一部であったが、その歴史は一五世紀に遡る。

リトアニア大公国の時代、現在のオデーサ近郊に、リトアニア大公国に従属していたキーウ（キエフ）公国に属するコツュビーという町が建設された。一六世紀の半ばごろから当地はオスマン帝国の支配によってハジベイ（コツュビーのトルコ風発音ともいわれる）と呼ばれるようになり、トルコ人とウクライナ・コサックとの衝突が多発した。一七六〇年代には、オスマン帝国によってハジベイにエニ・ドゥニア要塞が建設された。一七八七—一七九一年の露土戦争においてロシア帝国はウクライナ・コサックの力を

オスマン帝国時代のオデーサを描いたレディジェンスキー画「ハジベイの要塞」(1899年)。オデーサ美術館蔵。

ラセーエウ名誉領事時代の
在オデーサ日本領事館印。
写真提供:在日ウクライナ大使館

借りて、エニ・ドゥニア要塞を攻め落とした。一七九四年にハジベイはオデーサに改称された。[1]

日本人が初めてオデーサを訪れたのは、一八八五年[2]のことである。日本政府の使節団がオデーサの港に注目し、一八八九年にオデーサに名誉領事館を設置することが決定された。同年、コスチャンチン・アンドレウシキー（コンスタンチン・アンドレフスキー）が日本国名誉領事に任命されたが、翌一八九〇年にその職を辞してしまう。一八九一年にオレクサンドル・ラセーエウ（アレクサンドル・ラセーエフ）が名誉領事となり、一八九八年まで活躍した[3]（市内の劇場で観劇中、心臓発作で死去）。

ラセーエウは一八九七年、日本製品の輸入を行うにあたり、名誉領事館で日本製品の展示会を開き、茶、米、竹、家具、食器、紙、生地、屏風、玩具、化粧品、文房具、インテリア用品を含む四〇種類の製品を紹介した。しかし、一八九九年、ラセーエウ名誉領事の死去により展示会は閉幕となり、展示品は地元の美術館に寄贈された。[4] 展示会は経済関係の発展という目的を達成することはなかったが、日本の文化と伝統がウクライナ人に始めて紹介され

オデーサ美術館の日本製品の展示会(1900年)。
在オデーサ日本名誉領事館で展示された品々が美術館に寄贈された。写真提供:在日ウクライナ大使館

たという大きな意味があった。

ロシア情報収集の拠点として

角茂樹・前駐ウクライナ特命全権大使（二〇一四―二〇一九在任）の研究[5]によると、日本政府はオデーサの重要性に注目しており、一九〇二年から一九三七年まで領事館を置いていた。具体的には、領事館は一九〇二年に開設され、一九〇四年に日露戦争が勃発すると一時閉鎖されたが、日本人と現地当局との良好な関係により、一九〇六年に問題なく再開された。しかし財政上の理由から一九〇八年に再び閉鎖され、一九二五年に再度開館したが、一九三七年、ソ連の要求により閉鎖された。

一九〇二年に初の日本人領事として、東京帝国大学の卒業生であった飯島亀太郎がオデーサに着任した。飯島はブリストルホテルに仮事務所を設置し、その後、町の中心部に領事館を開いた。後に福田直彦、佐々木静吾、島田滋、田中文一郎、平田稔が領事を務めた。日本領事館は当時のロシア帝国南部の社会・経済状況、オデーサ港に出入りする船に関する情報を収集し、日本外務省に報告する役割を果たしていた。

1902年～1906年に在オデーサ日本領事館があったヴォロンツォウシカ通り4番。
写真提供:在日ウクライナ大使館

在オデーサ日本領事館の初代領事・飯島亀太郎。写真提供:在日ウクライナ大使館

第2節　ロシア極東における接触

日本人とウクライナ人との接触は、満州およびロシア極東でも存在した。[6]

極東のウクライナ移民

一八世紀の終わりから一九世紀の初めにかけて、中央・東ヨーロッパで発生した社会的政治的変化はウクライナに大きな影響を及ぼした。ウクライナの大部分の領土が属していたポーランド・リトアニア共和国が崩壊し、現在のウクライナ南部にあたる地域で脅威を与えていたクリミア・ハン国も滅亡。さらにコサックによるウクライナ独立運動が失敗したために、ウクライナの領土はオーストリア帝国とロシア帝国によって分割された。

ロシア極東におけるウクライナ人の入植は、ロシア帝国が一八五八年のアイグン条約と一八六〇年の北京条約の締結で、外満州と沿海地方を獲得した時点から始まった。当初ウクライナ人による移民は散発的で小規模なものだったが、一八八三年にオデーサからウラジオストクへの海路が開設されると、著しく拡大した。その結果、一八八三年から一九〇〇年にかけてコンスタンティノープル、ポートサイド、アデン、コロンボ、シンガポール、上海および長崎といったルートに沿っておよそ六万四三三〇人が移民した。[7]

その後、ウクライナ人の移住を促進する要因となったのは、一九〇六年にロシア帝国において決定された農業移民政策である。ロシア帝国の西部と東部を繋ぐウスリー鉄道、トランスバイカル鉄道および東清鉄道が建設され、陸上移動が可能になったことから、ロシア政府は新たな地域を開発するため、帝国民による移住を支援するようになった。その政策の対象は、主に農業改革の結果、土地を失った庶民であった。その中で六割以上を占めていたウクライナ人に関しては、一九〇一年から一九一六年にかけて主にチェルニヒウ州、キーウ州、ポルタヴァ州から一八万五一三五人[8]がロシア極東へ移住した。彼らは劇団をつくり、一九一六年には初めて日本を訪問し、神戸、東京、横浜、鎌倉などで上演した。[9]

第二次ロシア革命と極東ウクライナの自治運動

当時ウクライナ人入植者が多数居住していた外満州とロシア極東の沿海地方は、「ゼレニー・クリーン[10]（緑のくさび）」と呼ばれた（日本では「緑ウクライナ」とも呼称される）。その名称は入植地が豊かな緑に恵まれていたことと、中国と日本海の間にくさびのように入っている地理的位置関係に由来している。一九一七年の人口調査によれば、ゼレニー・クリーンには、ウクライナ人四二万一〇〇〇人[11]が居住していた（上記の州のほかに、クバーン州、クルスク州、ヴォロネジ州等の出身者を含む）。

一九一七年二月の第二次ロシア革命を契機に、ゼレニー・クリーンのウクライナ人はモスクワからの離脱を目的として民族的な結束を試

ゼレニー・クリーン（緑ウクライナ）の範囲図。1917年当時、約42万人のウクライナ人が居住していた。
"Map of the Green Ukraine.svg" by Yakiv Gluck／Adapted

みた。一九一七年六月に第一回全ウクライナロシア極東大会が開催され、ウクライナとゼレニー・クリーンの自治権取得が最大の目標として掲げられ、軍隊が創設された。さらに、ゼレニー・クリーンの多数の地方協議会およびその行政機関であるウクライナ極東事務局が開設され、軍の編成は満州で積極的に行われた。それは、ウクライナのクレメンチューク出身で東清鉄道および沿海地方の一時的な統治者であったドミトロ・ホルワット大将がウクライナの国民運動に同情していたことから可能になった。革命が起こり、東清鉄道周辺で騒乱が勃発すると、鎮圧のためにペトロ・トヴァルドウシキーの指導でウクライナ人からなる二つの部隊が動員され、ハルビンと東清鉄道を支配下に置いた。二つの部隊は、一九一七年一二月に中国が満州における政権を回復すると、ウクライナへ派遣された。しかし、総体的に言えば、ロシア極東におけるウクライナ軍の形成はあまり進展しなかった。

一九一八年一月に第二回全ウクライナロシア極東大会が行われ、ウクライナ本国の独立宣言に合わせてゼレニー・クリーンもモスクワの支配から自動的に離れると考えた大会の参加者たちは、ウクライナ人が住民の大多数を占めるゼレニー・クリーンをウクライナ国家の一部として承認することをロシア当局に要求するよう、ウクライナ政府に訴えた。しかし、地理的な遠さなどからゼレニー・クリーンとウクライナ政府との政治的連携は弱く、一九一八年四月に開催された第三回全ウクライナロシア極東大会では、ロシア極東におけるウクライナ独立国家の創立とゼレニー・クリーン軍の設立が強く提唱された。その過程で中心的な役割を託されたのは、ユーリー・フルシコ・モワが局長を務めたウクライナ極東事務局である。[12]

一九一八年一〇月、第四回全ウクライナロシア極東大会が開催された。参加者により極東におけるウクライナ人の憲法が起草され、ボリス・フレシャティツキーの下でウクライナ軍の創設に関する強力な決議が可決された。ウクライナ極東議会も成立し、一九一九年五月三〇日に「極東におけるウクライナ人の国民・文化的自治の憲法」を採択した。一九二〇年以降、極東ウクライナ共和国は、日本とロシア・ソビエト社会主義共和国間の緩衝国として建設された極東共和国に自治を認められていたが、一九二二年、極東共和国およびゼレニー・クリーンにおけるウクライナ独立運動が共産主義者によって解散させられると、多くのウクライナ人は満州に移動した[13]。

二拠点におけるウクライナ人の活動と日本軍

ウクライナ極東事務局の外交活動は当初、極めて消極的であった。ロシア極東における政治情勢が不安定化しており、ウクライナ人の活動をロシア革命に介入する他国と結びつけるのは危険だったからである。一九一八年にロシアに介入した干渉軍の中では七万人以上[14]を擁する日本軍が最も多く、また、日本の軍事・外交団がウラジオストクに駐在したため日本と連携しやすい環境ではあったものの、ウクライナ極東事務局は、方針が急に変わりうる外国とウクライナ人の活動を結びつけたくないという理由で積極的ではなかった。また、同事務局はロシア極東のウクライナ人に対してロシアの内政において中立を守ることを訴え、日本人との接触の自粛を勧告した。

このような政策の結果は二つあった。一つは、ウクライナ人はロシアの内政において中立だった（ボルシェビキに協力しない）ため、日本を含む外国軍によって攻撃されなかった。二つ目は、ボルシェビキは一九二四年のチタの裁判で、ウクライナ人がボルシェビキに協力しなかった事実を利用して、ウクライナ人が日本人の対ロシア活動に協力したと主張した。[15] 一方、トヴァルドウシキーが領事として満州へ派遣されてから、ウクライナ人による外交活動が若干活発になった。彼はウクライナ政府と同じように欧米を重視し、特にフランスとの接触を推進した。

しかし、チタにあるザバイカル地方協議会はウクライナ極東事務局とは異なる立場だった。会長のS・シヴェディンは利にさとい野心家で、ザバイカルのコサックの指導者であるグリゴリー・セミョーノフや日本とも接触した。ザバイカルのコサックはウクライナ人を反ボルシェビキとみなしたため、セミョーノフの政権下ではウクライナ人の組織は抑圧されなかった。したがって、シヴェディンとセミョーノフとの接触は容易であった。

チタにおける日本軍事使節は、ウクライナ人を含めてザバイカルにおけるさまざまな民族に興味を持ち、彼らの生活や各政府に関する態度を調べていた。なお、日本とセミョーノフとの関係は深く、情報収集を行ったハルビンの佐藤尚武総領事と黒沢準中佐は、満州里を根拠地とするセミョーノフに軍事援助を与え、荒木貞夫中佐配下の黒木親慶大尉を軍事顧問としてつけることに成功した。[16] かつて英仏から資金援助を受

グリゴリー・セミョーノフ。ザバイカル・コサックのリーダー。ロシア革命当時、極東三州の利権確立をもくろむ日本軍参謀本部によって反革命勢力の軍事指揮官となった。

けていたセミョーノフは、英仏政府がボルシェビキを承認しかねないと疑い、日本への傾斜を強めるようになった。これを好機と見て、黒木はセミョーノフ支援と早期出兵を懇請し、セミョーノフはザバイカルを占領し、その既成事実をもって日本のシベリア出兵を促した[17]。

シヴェディンは外交活動を展開することによってウクライナ人の存在感を発揮することを目指し、ロシア極東のウクライナ人はセミョーノフが樹立した連邦政府を支持するのと引き換えに、民族的な組織と軍隊の設立を承認されるという合意を得た。また、一九二一年九月にセミョーノフは覚書を発行し、公式にウクライナ人の自治権を承認した。日本にとっては、共産主義者と戦おうとするウクライナ人の軍事組織化は重要な意味を持っていたが、この覚書が出されてもウクライナ人と公式に提携を図ろうとはしなかった。その理由は、当時の日本政府の立場にあったとみられる。日本はそもそもウクライナ人民共和国に対する方針を持っていなかったのである。

第３節　ウクライナ人民共和国と日本との関係

ウクライナ人民共和国の成立

一九一七年二月にロシア革命が起きると、ウクライナでは中央ラーダ政府が誕生した。中央ラーダは

ウクライナ人民共和国が発行した紙幣。

ロシアの臨時政府と自治拡大を巡って対立し、一九一七年一〇月に革命を経て、「ウクライナ人民共和国」を成立させ、一九一八年一月二二日に独立を宣言した。しかし、ロシア・ソビエト政権はこれを認めず赤軍を派遣したため、ラーダ政府はドイツの支援を受けて赤軍を駆逐したが、三年間にわたる内戦に突入した。その時期、もっとも重要な出来事は、一九一九年一月二二日にウクライナ人民共和国が西ウクライナ人民共和国と統一され、ウクライナが一つの国家となったことであった。

　一九二一年三月にリガ平和条約が結ばれ、ウクライナの領土はポーランドおよびロシア・ソビエト政権によって分割された。ウクライナ人民共和国の亡命政権は長年にわたって活動し、一九九一年に独立し主権を回復したウクライナの大統領に対して、一九九二年に国旗などを奉還した。ウクライナ人民共和国は現在のウクライナの国家建設過程において、重要な役割を持っていたのである。

ウクライナ人民共和国と日本の接触

　日本政府は一九一七年七月に、在ペトログラード（サンクト・ペテルブルク）の日本大使館員・芦田均（一九四八年、第四七代内閣総理大臣に就任）を、情勢視察のためウクライナに派遣した。芦田は数日間キーウに滞在し、ウクライナの有力者と接触して、ウクライナの国民運動について情報を集めた。『物語　ウクライナの歴史』の著者である黒川祐次・元駐ウクライナ大使（一九九六―一九九九在任）によると、芦田がキーウで会った有力者たちはロシア帝国における既得権益の受益者であったため、芦田はウクライナの自治運動に冷たかったという。[18]芦田は『革命前夜のロシア』という回想録において以下のように語っている。「ウクライナ運動が多少とも勢力を占めているように見えるのは、戦争反対の空気が民族独立の名をかりて愚民を煽動している結果に過ぎないのである。只北方ロシアに於いては、親独党は反動保守であり、南方に於いてはそれがナショナリストと呼ばれているのは、独墺勢力が浸透している証左ともいえるであろう[19]」。また、芦田は一九二八年、トルコ大使館勤務時代にオデーサを訪れており、今なお営業を続けているロンドンスカヤホテルに宿泊している。また、クリミアのセヴァストポリ、アルプカ、ヤルタなどを訪問した。その時の様子を『革命前後のロシア』（一九五八年）の中でコメントしている。

芦田均は外交官時代の1917年、キーウでウクライナの国民運動について情報収集を行った。写真は1918年の芦田夫妻。

さらに、日本政府は一九一七年一一月に在ペトログラードの日本大使館付武官の高柳保太郎を長とする軍事ミッションをキーウに送った。[20]このミッションに関する詳細はあまり知られていないが、高柳の活動からミッションの目的が見え隠れしている。高柳は陸軍軍人およびプロの情報部員であり、日露戦争に参加し、第一次世界大戦では青島攻略軍兵站部長として出征した。その後、観戦武官としてロシア軍に従軍した。一九一九年、オムスクの特務機関を設立し、ウラジオストクに駐留した。極東共和国との停戦協定に際しては日本側の代表として調印し、その後、満州で活躍した[21]。

ウクライナ側からの動きとしては、ウクライナ代表のフリゴリー・シドレンコが、一九一九年のパリ講和会議で牧野伸顕を全権代表とする日本代表団と会談し、ウクライナ人民共和国独立の承認に対する日本の立場が「割合と好意的[22]」であったとウクライナ政府に報告した。また、同年一一月に在ドイツウクライナ人民共和国大使館は、ドイツにおける日本の代表者と接触した。ウクライナ人民共和国政府は同大使館を通じて、日本および中国の政府に覚書を送り、その中でゼレニー・クリーンの歴史を説明し、旧ロシアにおける日本および中国の利益はロシア領で発生した新国家、つまりウクライナ人民共和国と一致している[23]と主張した。その関係で、日本と中国に対し、ゼレニー・クリーンのウクライナ人の政府機関の承認、上記機関の警備の確保と自治権の認可、ゼレニー・クリーンにおけるウクライナ人による文化・教育活動への資金援助を要請した。

パリ講和会議(1919年)でウクライナ人民共和国代表が国際公認を求めていた同共和国の国境。

さらに、一九二〇年に在オランダ・ベルギーのウクライナ大使が駐ベルギー日本国大使と接触したことがあった。一九一八年にウクライナ人民共和国外務省の領事部長を勤めていたイヴァン・クラスコウシキーは、日本の重要性を強調しながら、同国に領事館を設置するよう[24]に呼びかけていた。それにもかかわらず、当時のウクライナ人民共和国のアンドリー・ニコウシキー外務大臣によると、日本に対するウクライナの働きかけは積極的ではなかった。[25]

第４節　満州における交流

満州のウクライナ人

一方、ウクライナ人と中国との出会いは、中国とロシアの関係が樹立された一七世紀に遡る。それ以来ウクライナ人はロシアの外交・貿易使節団、宣教師団の一員として中国を訪れており、一八一九年から一八三二年にかけてウクライナ出身の医者ヨシプ・ヴォイツェヒウシキーは中国で疫病との戦いに貢献し、一八二九年、彼に敬意を表して北京に記念碑が建てられた。[26] また、一九一七年まで北京におけるロシア帝国の最後の大使を務めていたのはウクライナ出身の外交官イヴァン・コロストヴェツィであった。このほか、中国研究に大きな足跡を残したウクライナ人も少なくない。その中で特に目立つのは、一八二四年に『一八二〇年―一八二一年のモンゴルを通じての中国への旅』を執筆した中国研究者・旅行者のユーリー・ティムキウシキーおよび一八八二年に『一六一九年―一七九二年のロシア国と中国との外交資料集』を作成した歴史学者のミコラ・バンティシ＝カメンシキーである。

一九世紀が始まると、ロシア帝国のウクライナ人は他民族を上回る人数で中国への移民を始めた。一八九一年に東清鉄道の建設が開始され、ウクライナ人は満州へ積極的に移民するようになり、ほとんどは一八九八年に建設されたハルビン市に定住した。これら移民は南満州鉄道の運営にも関わり、一九二〇年の調査によると、約二万世帯[27]の家族が鉄道員であった。

ウクライナ移民は伝統的な文化を維持するため、さまざまな組織を構築し始めた。第一に、一九〇七年に満州における初めてのウクライナ人の組織であるウクライナ・クラブが創立され、その目的は、ウクライナの歴史、音楽および文学に対する関心を呼び起こすことにあった。一九二〇年に「ウクライナ国民の家」はウクライナ・クラブの会場となった。第二に、一九一七年のロシア革命を契機に満州地方協議会が設立され、ウクライナ政府の許可を得てウクライナ人の登録と書類の発行が行われるようになった。さらに、その協議会の指導で「ハルビンにおけるウクライナ・クラブのニュース」という新聞が発行されるようになった。第三に、一九一八年から一九一九年にかけて在ハルビン市ウクライナ領事館が存在した。その館長であったペトロ・トヴァルドウシキーは協商国（アンタンタ）と交渉し、ウクライナ軍を成立させようとした。

一九二〇年代にハルビンにおけるウクライナ人は、ウクライナ、シベリアとロシア極東からの政治難民の移住で一層増えたが、満州における彼らの政治的活動は困難になった。なぜなら、ボルシェビキの成功でウクライナ人民共和国政府は一九二〇年に亡命し、ロシア極東のウクライナ当局の動きも麻痺したからである。また、ロシアとの関係の改善を目指していた中国当局は、一九二三年に満州におけるウクライナの組織を閉鎖させ、一九二六年にウクライナ・クラブの不動産と財産を没収した。さらに、一九二四年に東清鉄道の共同管理に関する中露協定が締結され、職場を維持したかったウクライナ人はソビエトの国籍を取得せざるをえなかった。[28]

とはいえ、ウクライナ人による活動が完全に消滅したわけではない。一九二五年九月から一二月にかけて『ウクライナの生活』という週刊誌が日本の出版社から出版され、一九二九年九月からハルビンにおけるウクライナの出版社が再出版した。[29]また、一九二六年に設立された「シチ」という文化的組織は、一九二八年に名称を「プロスヴィタ」に変え、米国の組織であるキリスト教青年会（ＹＭＣＡ）のサークルとして存在していた。ＹＭＣＡが持つ治外法権のおかげで、禁止されていたウクライナ人の社会的活動は合法化し、それは満州におけるウクライナ人の植民地に前向きな影響を与えた。[30]

杉原千畝とイヴァン・スヴィト

一九三一年になると、極東における国際情勢が変化した。日本は満州を侵略し、国際連盟の軍事撤退の要求をよそに一九三二年に満州国を成立させた。[31]それを契機に、満州のウクライナ人は日本人と接触するようになり、活動状況を改善することができた。その接触の舞台となったのは、一九三〇年代にウクライナ人がおよそ一万五〇〇〇人居住していたハルビン市である。[32]

第一に、一九三一年、日本領事館の書記であった杉原千畝[33]は、満州で積極的に活動していたウクライナ人イヴァン・スヴィトと連絡を取り、一九二六年に中国当局が没収したウクライナ・クラブの建物を日本が暫定的に利用してもよいか問い合わせた。スヴィトは至急会議を開き、他の活動家と相談の上、杉原に好意的な回答を行った。それと引き換えに杉原はスヴィトに対して、ウクライナ・クラブの所有権を回復させる約束をした。スヴィトは記者、研究者としての活動のかたわら、「プロスヴィタ」という組織および「ウクライナ国民の家」を管理しており、一九三五年に「満州におけるウクライナ国民の植民地」の共同創立者となった。彼は日本人と頻繁に接触し、ウクライナ人の活動の発展に大きく貢献した。例えば、スヴィトは反ソビエト志向を持つ橋本欣五郎（陸軍大佐、政治家）にウクライナ人の満州における活動について説明し、ウクライナ語での新聞出版の許可をとりつけた。その結果、一九三二年から『満洲通信』という雑誌がウクライナ語、英語、ロシア語で出版されるようになった。[34]

関東軍との接触

第二に、「ウクライナ国民の家」、つまり元ウクライナ・クラブの不動産の問題が解決された。一九三三年に関東軍はウクライナ側の所有権の回復を決定し、ウクライナ人の活動家に覚書の作成を委託した。その結果、一九三三年一〇月一五日にスヴィトを含めたウクライナ人代表団は関東軍施設を訪問し、覚書の手交式が行われた。覚書によれば、元ウクライナ・クラブの不動産は満州国におけるウクライナ人の所有物となり、スヴィトら代表はその不動産管理のための機関を創立することとし、関東軍は所有権の譲渡後にその不動産に関していかなる権利も有さないこととなった。式にあたって小松原道太郎大佐は、関東軍の役割をウクライナ人と満州国との仲介であるとし、上述の覚書を発行することで関東軍はウクライナ人の民族的な原則に基づいて人々の生活を組み立てる責務を引き受けたと述べ、ウクライナ人の活動の成功に対する期待を示した。[35] それに加えて、一九三五年にウクライナ人は「ウクライナ国民の植民地」という組織を創立し、「ウクライナ国民の家」がその本部となった。

満州における協力関係はなぜ進展したのか

以上のような日本人とウクライナ人との協力が、なぜその時期においてスムースにいったかという点に関して、理由を二つ挙げられるだろう。

一つは、世界中のウクライナ人による働きかけである。ロシア極東においては、スヴィトらが積極的に活動し、ハルビンにおけるウクライナ人の活動を回復しようとした。それに加え、ヨーロッパのウクライナ人もさまざまな外交ルートを通じて日本人と接触し、ウクライナ人の民族的な活動を提唱した。一九二〇年代後半からウクライナ人民共和国亡命政府の外交官たちは、イスタンブールで活躍するウクライナ人外交官ヴォロディーミル・ムルシキーを通じて日本大使館付き武官と繋がりができた。このルートにより、日本はウクライナ人民共和国亡命政府の活動とロシア極東におけるウクライナ人の問題に対して関心を持つようになった。このような経緯で、ウクライナ人民共和国亡命政府の軍事大臣であったヴォロディーミル・サルシキーはワルシャワでポーランド公使館付武官の柳田元三と会談し、ハルビンのウクライナ人への援助について交渉した。

二つ目は、当時の日本の政治的軍事的な戦略とそれに沿った満州国の少数民族に対する政策に関係がある。ロシア極東における日本の戦略は、ソビエトの影響力を抑え、自国の支配を確立することにあった。したがって、反ソビエトとみなされる民族的運動の支持は日本の国益にかなうものと思われた。ただしその場合、日本側とウクライナ側とでは意図が異なっていたことに注意する必要がある。現地で政権を握る日本軍事使節と日本の警察とを比べると、前者の方がウクライナ人に対して協力的だったが、少数民族に対する総合政策としては、いずれもロシアからの移民のすべての組織をロシアのファシスト移民の影響が強い「白系露人事務局」に従属させようとした。なぜならば、日本は組織力の強いロシアのファシスト移民を実際の反ソビエト勢力とみなしていたからである。日本の戦略におけるウクライナ人の役割については、一九三五年の二月に行われたスヴィトと関東軍参謀の柳田元三との私的な会話によく反映されている。柳田はゲリラ活動を否定しながらも、情報収集とサボタージュでウクライナ人を利用することに関心を見せたが、いずれもウクライナ組織の原則に反していたため、進めることはできなかった。また、柳田は、日ソ戦争が勃発した場合には、ロシア極東の国民の一つが素早く政府を組織し、日本のパートナーとなることに期待を示し、その国民がウクライナ人であれば嬉しいと語った[36]。

以上のような日ウ協力を背景に、一九三七年、「ウクライナ民族主義者組織」の代表者は日本を訪れた[37]。彼らは一九三〇年代前半にヨーロッパで日本人と接触し、日本によるウクライナ人の軍事組織化の噂を真実と見て、ロシア極東および満州への活動の拡大を目的とした。一方、その接触に繋がった日本への関心については、政治より軍事的色彩が濃かった。なぜならば、ウクライナ民族主義者組織はロシア極東のウクライナ人と違って軍事上の活動を得意としていたからである。

日本の外交路線転換と極東のウクライナ民族主義の終息

このように日本軍人とウクライナの民族主義者の間に反ソビエト合意が成立したと言っても過言ではない。しかしながら、一九三五年ごろから日本の満州国の少数民族に対する政策に変化が見え始め、ロシア極東におけるウクライナ民族主義者の動きは成果をもたらさなかった。その変化は日本の国内情勢および外交路線の転換の結果生じたと思われる。以前は、対ソ戦争を策謀した皇道派の日本政界での影響力が強かったため、満州のウクライナ人との反ソ協力が重視されたが、一九三六年に皇道派が失脚すると、ウクライナ人の運動が軽視されるようになった。また、一九三六年に日独防共協定が締結されたが、一九三〇年代後半の日本の外交方針は定まっておらず、満州の少数民族に対する日本の政策が動揺したのも無理はない。

以上のように、日本の支配下ではウクライナ人の活動は以前よりも容易になったが、一九三七年に日中戦争が勃発すると、移民に対する日本の政策が大きく変化し、満州で多くの親ウクライナの日本人が排除された結果、ウクライナ人と日本軍事使節の間で次々と対立が起こるようになった。例えば、ハルビンの『満洲通信』の編集部への圧力が大きくなり、一九三七年にその出版が警察によって停止された。それに加えて、一九四一年に日本軍事使節によって「ウクライナ国民の植民地」の選挙が廃止され、ヴィクトル・クリャブコ＝コレツィキーが「ウクライナ国民の家」の管理者に任命された。彼は任命後にロシアの愛国主義者と協力し、「ウクライナ国民の植民地」を「白系露人事務局」に所属させた。この二つの事件の背景には、日本人とロシア君主制主義者との緊密な連帯があったと思われる。以上と同様に、かつてハルビンからの移民によって創立された天津のウクライナコミュニティもロシアファシスト系の反共産主義委員会に所属させられ、天津や青島におけるウクライナ人組織の活動は困難になった[38]。

一方、上海のウクライナ人組織は日本の支配にもかかわらず、一九四五年まで積極的に活躍することができた。その理由は主に二つあり、一つは、およそ五〇〇〇人[39]からなるウクライナのコミュニティは上海の租界を拠点とし、イギリス人の影響力が大きい租界の自治体で無事に正式登録できたからである。二つ目は、上海は当時世界最大の都市の一つで、国際的色彩が濃く、自治権を持つ租界の伝統が長かったからである。こうした要因から、日本は上海のウクライナ移民を支配下に置くことに失敗しただけでなく、一九四一年に締結された日ソ中立条約にもかかわらず、日本人による検閲が弱かったため、上海では反ソビエトおよび反ドイツの記事が頻繁に出版された[40]。

満州におけるウクライナ人の活動はソ連軍が進攻した一九四五年に、中国のそれ以外の地域では共産党による政権が成立した一九四九年に、いずれも消滅した。満州のウクライナ人の大多数が逮捕され、ソ連へ移送された。また、天津、青島、上海のウクライナ移民は台湾やフィリピンへ避難し、後にアメリカ、アルゼンチン、オーストラリア、カナダへ移住した[41]。

第5節　第二次世界大戦後の交流と協力

ウクライナに抑留された日本人

第二次世界大戦後、旧ソ連に抑留された日本人三七二一人がウクライナに移送され、採石などの労務に当たった。その内二二一人が当地で死亡したとされている。[42] 中には後に日本に帰国した者もあった。二〇二〇年九月九日付の『南日本新聞』によると、鹿児島市の池田清治氏（記事掲載当時九五歳）は、捕虜となっていた北朝鮮東岸の古茂山収容所からウクライナ共和国に送られた。アルチェモフスク（現在のバフムート市）で農耕作業に従事し、八か月後には黒海北部の大都市ドニエプロペトロフスク（現在のドニプロ市）の収容所へ移って、製鉄工場の復旧作業を課せられた。製鉄工場ではウクライナ人の男女も働いており、日本人には好意的に接してくれたらしい。一九四八年に日本に帰国された池田氏は「悲惨な戦争を許すことはできない。対日戦争に参加したソ連当局やソ連兵に恨みや憎しみはある。だがウクライナ人には一切ない[43]」と語っている。

冷戦時代以降の文化交流

この時期、日本とウクライナは対立する陣営に引き込まれており、二国間関係は冷戦によって大きく影

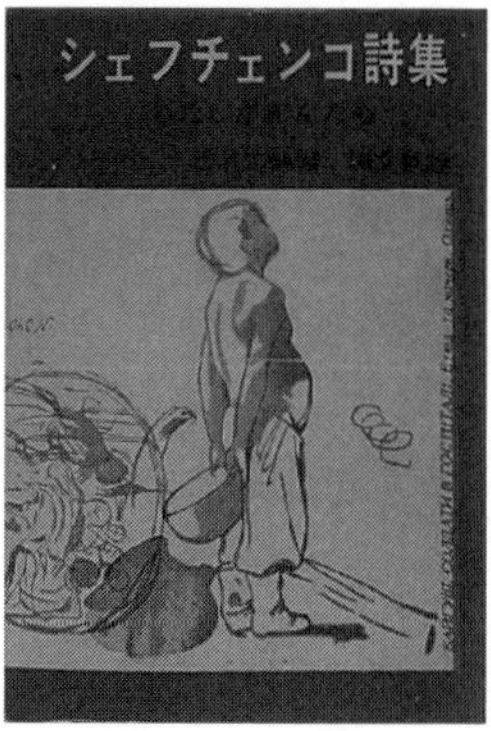

渋谷定輔編『シェフチェンコ詩集　わたしが死んだら』。1964年、国文社刊。

響され、接触は文化交流と人道交流に限られていた。両国は国連の加盟国であり安全保障理事会の非常任理事国に当選したこともあったが、ウクライナには外交権がなく、国際舞台における協力は不可能だった。

二国間の文化交流については、一九六一年にウクライナ出身の作家のオレーシ（オレクサンドル）・ゴンチャールは、東京で開かれた作家会議のソビエト作家団の団長として日本を訪れた。[44] また、ウクライナの亡命文学者ネストル・リペッツィキーは、一九七二年にニューヨークで『遠い島国の歌』という日本近代詩集をウクライナ語で刊行[45]するなど、両国間で盛んに文学作品が翻訳されるようになった。一九七二年、イヴァン・ジューブは、ウクライナで安部公房の『砂の女』と大江健三郎の『飼育』をウクライナ語に訳した。[46] 松尾芭蕉などの作品はウクライナ人のM・フェドリシン、G・トゥルコウ、M・ルーカシによって翻訳された。日本では一九五九年、小松勝助訳によるシェウチェンコの詩集『コブザーリ』、また一九六四年、渋谷定輔編の『シェフチェンコ詩集　わたしが死んだら』が出版された。

文化交流に加えて、両国の地域自治体や民間の協力が緊密になった。一九六五年に港町であるオデーサと横浜、一九七一年にキーウと京都の間で姉妹都市提携が結ばれた。[47] 一九六〇年に寺田博保氏と高尾美智子氏により創設された寺田バレエ・アートスクールは、一九七五年、キーウ国立バレエ学校と姉妹校提携を締結した。両校間の協力により日本とウクライナとの文化関係が強化された。一九七二年にはウクライナ国立歌劇場付属のバレエ団（キエフ・バレエ）が初来日し、以来、何度も日本公演を行っている。日ウ両国のバレエ学校の交流やウクライナ国立歌劇場のバレエ、オペラ、オーケストラの日本公演については、第六章で詳述する。

チェルノブイリ原発事故に対する協力体制

一九八六年にチョルノービリ（当時のチェルノブイリ。以下、「チェルノブイリ原発」関連では当時の呼称を使用）で原発事故が発生すると、チェルノブイリ事故の善後措置は二国間の重要な協力分野となった。

まず、民間レベルの交流が行われた。一九八六年一〇月、読売新聞社と日本対外文化協会は、広島と長崎の被ばく者の治療、調査などに実績を持つ四人の放射線医学者を「医学協力団」として派遣し[48]、翌年、ソ連の放射線医学の専門家が来日した[49]。続いて、一九八八年に日本原子力産業会議は、チェルノブイリ原発を視察するため、原子力研究の専門家からなる原子力安全調査団を派遣した[50]。

一九九〇年、日本は公式に援助を行う準備に入った。同年三月、国際共同研究センターの下で原発事故による放射性汚染の実態の調査に参加することを決め[51]、七月にオーストリア訪問中の中山太郎外相（当時）は、対ソ支援の一環としてチェルノブイリ原発事故による被ばく者の集団的な健康管理を実施するため「日ソ合同委員会」を設置する方針を明らか

放棄された町プリピャチより望むチェルノブイリ原子力発電所（中央奥）の遠景。
Photo:by Jason Minshull

にした。[52] また、八月に外務次官級による日ソ事務レベル協議が行われ、日本側は、翌年のゴルバチョフ大統領来日に向けた日ソ交渉において「具体的進展が可能な分野」として、チェルノブイリ原発事故の被害救済への協力などを含めた一〇項目の包括的な提案を行った。[53]

その結果、一九九〇年九月に日ソ外相は、チェルノブイリ原子力発電所事故被ばく者への医療協力に関する覚書に調印し、初めて二国間で直接的な協力体制が成立[54]した。さらに、同年一一月に行われた「第三回日ソ協議会議」に出席した三塚博前外相（当時）は、チェルノブイリ原発事故救援のため医療機材などを中心に約二〇〇〇万ドル[55]を同年度補正予算で供与すると明らかにした。この方針は、一九九一年三月のゴルバチョフ・ソ連大統領の来日の際にチェルノブイリ原発事故被災対策協力に関する文書が調印された[56]ことで再確認された。

最後に、日本では政府文書締結を受け、民間の草の根レベルで原発事故で被害を受けた子どものために医療品などを送る救援活動および募金活動が行われ、エストニア・チェルノブイリ・ヒバクシャ基金、チェルノブイリ救援募金、日本キリスト教協議会チェルノブイリ募金[57]、チェルノブイリ連帯基金[58]、チェルノブイリ子ども基金[59]などが設立された。

第6節　日本で活躍したウクライナ出身者

ウクライナ人の父を持つ大横綱 大鵬

まず、日本の第四八代横綱である大鵬幸喜（一九四〇―二〇一三）についてお話ししたい。本名は納谷幸喜だが、出生名はイヴァン・ボリシコである。父親はハルキウ州ザチェピロウシキー地方ルノウシナ村生まれのウクライナ人マルキヤン・ボリシコ、母親は北海道出身の日本人、納谷キヨである。大鵬はかつて日本領だった樺太敷香郡敷香町、現在のロシア極東連邦管区サハリン州ポロナイスク市で生まれた。一九四五年にソビエト連邦軍が南樺太へ侵攻してきたため、母親とともに北海道に引き揚げたが、その後父親と会うことはなかった。少年時代を過ごした関係から、北海道川上郡弟子屈町の出身とされている。大鵬は一六歳の時、相撲界に入った。優勝三二回、六連覇二回、四五連勝などを記録し、昭和の大横綱と称され、戦後最強の横綱とも呼ばれる。その人気の高さは一九六〇年代の「巨人・大鵬・卵焼き」という流行語によく表れている。二〇〇二年、北海道新聞の記者がウクライナを訪れ、大鵬のためにウクライナの土と水を日本に持ち帰ってきた[60]。同年、ウクライナのハルキウにて大鵬大会が創設された。二〇一一年、大鵬はウクライナの友好勲章を受賞。同年、ウクライナのオデーサ市に大

オデーサに建てられた大鵬像。
写真提供：在日ウクライナ大使館

鵬の銅像が建てられた。二〇一三年、日本の国民栄誉賞を受賞。北海道川上郡弟子屈町には大鵬相撲記念館があり、ウクライナのルノウシナ村の学校では展示コーナーが設けられて子どもたちに大鵬のことを語り伝えているという。[61]

日本の音楽教育に貢献したレオ・シロタ

世界的に有名なピアニストのレオ・シロタ[62]（一八八五—一九六五）もウクライナにゆかりがある。ウクライナ南西部のフメリニツキー州カームヤネツィ＝ポジーリシキー市の出身。キーウ音楽院でフリゴリー・ホドロウシキーというウクライナ人のピアニストにピアノを習い、一四歳の時にキーウオペラのチーフコンサートマスターになった。その後ペテルブルクの音楽院に学び、ウィーン音楽院にてフェルッチョ・ブゾーニに師事した。

一九二八年に満州のハルビンで日本人の作曲家である山田耕筰に出会い、日本への招待を受けた。一九二九年に来日、一七年間にわたって日本に在住した。一九三一年から一九四四年にかけては、上野の東京音楽学校（現在の東京芸術大学音楽学部）で教師として学生を指導した。日本の戦後の著名なピアニストの大島正泰、藤田晴子、園田高弘、永井進、豊増昇はその教え子である。一九四六年に渡米し、セント・ル

レオ・シロタ、妻オーギュスティーヌ、当時5歳半の娘ベアテと山田耕筰。1929年撮影。

イス音楽院教授となった。一九六三年にシロタは門下生に呼ばれて再来日し、日比谷公会堂にて最終公演を行った。一九六五年、ニューヨークにて逝去。岩手県紫波町の野村胡堂・あらえびす記念館には、レオ・シロタのレコードが保管されている。

日本国憲法に「男女平等」を起草したウクライナ人女性

驚くことに、レオ・シロタの娘のベアテ・シロタ・ゴードン[63]（一九二三―二〇一二）も日本の歴史において重要な役割を果たした。二二歳で連合国軍最高司令官総司令部（ＧＨＱ）民政局に所属し、ＧＨＱ憲法草案制定会議のメンバーの一人として日本国憲法の人権条項作成に関与した。

ベアテ・シロタ・ゴードンはウィーンに生まれた。父のレオだけでなく、母のオーギュスティーヌ・シロタもウクライナ人だった。ベアテは父の仕事の関係で五歳の時に来日し、少女時代は日本で過ごし、ドイツ学校、そしてアメリカンスクールに入学した。ドイツ語、日本語、英語、ロシア語、フランス語に堪能であった。卒業後、カリフォルニアのミルズ・カレッジに進学し、一九四三年に優等で卒業した。一九四三年から戦後まで米国戦争情報局およびタイム誌で働いていた。

一九四五年にアメリカ国籍を取得したベアテは日本に帰ろうと思ったが、一般の民間人が占領国に行くことはできないと告げられた。そこで彼女は、ＧＨＱに所属する民間人要員の職を得て、終戦後最初の民間人女性として日本に帰国し、両親と再会することができた。翌一九四六年二月に、日本国憲法草案執筆の任務を負うことになり、人権条項の担当になった。ベアテは日本国憲法にある両性の平等の条項（二四条など）を起草した。一九四七年にアメリカに帰国し、その後アメリカで日米の交流事業に携わった。

ほぼ半世紀の間、彼女はこの憲法への貢献について公表しなかったが、一九九五年以降、多数の講演を行い、一九九五年に『一九四五年のクリスマス―日本国憲法に「男女平等」を書いた女性の自伝』（*The Only Woman in the Room*）という回想録を書いた。また、二〇〇四年に藤原智子監督が『ベアテの贈りもの』、また二〇〇八年には『シロタ家の二〇世紀』という映画を発表した。

ベアテ・シロタ・ゴードンの回想録。1995年、柏書房刊。

日本の文化人と交流したエスペランティスト

もう一人有名なウクライナ出身の人物は、エスペランティスト、詩人、言語学者および音楽家であったヴァシリー・エロシェンコ[64]（一八九〇―一九五二）だ。ベルゴロド地方スタルースコル地区オブヒウカ村（ロシアとウクライナの国境に接するスロボジャンシチナ地方で、一九二二年までウクライナ領、現在はロシア領になっている）で生まれた。父親のヤコウ・エロシェンコはウクライナ出身の農民、母親はロシア人で、彼は三番目の子どもであった。健康で陽気な少年だったが、四歳の時麻疹により失明した。九歳の時モスクワの盲学校に入学し、その後イギリスの王立盲人師範学校で勉強した。

一九一四年、按摩術およびマッサージの学習のために来日し、東京盲学校（現在の筑波大学附属視覚特別支援学校）で学びながら、盲学校の生徒を対象にエスペラント語の講習会を行い、詩および童話を書いた。一九一六年、タイ、ビルマ、インドに渡り、ビルマでは盲学校の教師も務めたり、教育改革に貢献したりしたが、インドで国外追放となり、一九一九年、日本に戻った。日本滞在中、東京新宿の中村屋で秋田雨雀、江口渙、神近市子ら多くの文化人と交流し、その一人だった洋画家の中村彝《なかむらつね》は「エロシェンコ氏の像」を描いた。この作品は日本の重要文化財に指定され、東京国立近代美術館に収蔵されている。この間に、中村屋に母国仕込みのボルシチのレシピを教え、一九二七年の喫茶部開店の折には、ボルシチが人気メニューとなった。

一九二一年五月一日にメーデーと日本の社会主義者の会合への参加を理由に逮捕され、ウラジオストクに送られた。その後上海および北京の大学でエスペラント語の講師をし、モスクワに戻った。また、トルクメン共和国に旅行し、盲人のためのアルファベットを作った。一九五二年に生まれ故郷において六二歳で亡くなった。

中村彝が描いた『エロシェンコ像』（1920年）。
東京国立近代美術館蔵

美術界での交流

ウクライナ出身の芸術家ダヴィド・ブルリューク[65]（一八八二―一九六七）は、未来派の父として知られており、日本の未来派の画家である普門暁と交流し、大正期新興美術運動の発展に大きな影響を与えた。ブルリュークは、ロシア帝国ハリコフ県（現在のウクライナ領ハルキウ）でウクライナのコサックの名家を祖先に持つ裕福な家庭に生まれた。一八九八年から一九〇四年にかけてロシアのカザンとウクライナのオデーサの美術学校に通い、ミュンヘンの王立アカデミー、パリのエコール・デ・ボザールで絵画を学んだ。一九一〇年からモスクワを中心に活躍、一九一七年までウラル地方に居住していたが、ロシア革命の勃発に伴いウラジオストクに転居した。

一九二〇年に来日、同年一〇月には、「日本に於ける最初のロシア画展覧会」を開催した（東京京橋にあった星製薬株式会社三階で開催、二七人が四七三点を出品）。一九二一年、木下秀一郎と名古屋で未来派の講演会を開催。同年、第二回未来派美術協会展、第八回二科展にも出品した。日本滞在中のブルリュークは、東京、横浜、名古屋、京都、大阪、神戸、鹿児島、熊本、福岡、大島、小笠原を訪れた。小笠原は四か月間にわたって滞在し、精力的に制作に取り組んだ。また、一九二一年には富士山にも登頂した。日本滞在中に、三〇〇あまりの作品を制作している。

ウクライナ出身の未来派の画家ダヴィド・ブルリューク（1914年頃）。1920年と1921年に来日、日本画壇と交流し多くの作品を制作した。

一九二二年渡米し、以後ニューヨークに定住した。一九六七年、ニューヨークで死去。神奈川県立近代美術館には、「ウラル」というブルリュークの作品が収蔵されている。

オデーサにおける日本人の活動、極東および満州におけるウクライナ人運動、そして、日本に在住していたウクライナにゆかりのあるスポーツ・文化人のライフストーリーは、ウクライナ人が昔から日本人の身近に存在していたことの証であり、両国国民の交流は一九世紀末に始まったということが分かる。

第2章

日本とウクライナの政治対話

前頁扉写真
2019年、訪日中のゼレンスキー大統領と安倍首相の会談。
出典：首相官邸ホームページ
https://warp.ndl.go.jp/info:ndljp/pid/11547454/www.kantei.go.jp/jp/98_abe/actions/201910/21kaidan_02.html

第１節　日ウ関係の成立と初期における協力（1991-1994 年）

日本人とウクライナ人の最初の接触は一九世紀後半であったが、本格的な関係は、ウクライナが一九九一年に独立してから樹立された。ここでは日ウ関係の初期を、日本がウクライナの独立を承認した一九九一年からウクライナが核兵器を放棄した一九九四年までとする。

ウクライナ独立承認への日本の動き

この時期の日本のウクライナに対する政策は、旧ソ連諸国に対する政策の一環であり、経済援助（第４章参照）と核兵器不拡散への協力（第５章参照）からなっていた。ウクライナの核兵器の取り扱いは国際的な問題になっており、米国、ＥＵ諸国と同様に、日本とウクライナの関係発展のための前提条件であった。さらに、日ウ協力の重要な分野は、チェルノブイリ原発事故関連プロジェクトだった。

日本にとってソ連崩壊は、新独立国家との外交関係樹立の必要性を意味していた。日本の戦略は、ＮＩＳ諸国との長期的な信頼関係樹立を目的に、重層的に関係強化をはかることにあった。具体的な政策としては、（イ）政治対話と人的交流の促進、（ロ）地域諸国の国家建設、民主化と市場経済化に向けての自助努力に貢献するための人道支援と政府開発援助の実施、（ハ）民間経済交流と協力の奨励、（ニ）相互理解と文化交流の促進、に重点が置かれた。[1] 以上のような戦略を踏まえて、日本政府は一九九一年一二月二八日にジョージア（グルジア）を除く新独立国家を承認し、翌一九九二年一月から九月にかけて外交関係を樹立した。

　ウクライナの独立承認問題に関しては、日本の方針は非常に慎重であり、米国と欧州の動向を注視していた。米国について言えば、当初、対ウクライナ政策は不安定であった。米国政府はソ連の崩壊を歓迎したものの、それが国際政治情勢にどのような影響を与えるか、また、ソ連の所有していた核兵器はどうなるかという問題が残った。実際にウクライナの独立に関する国民投票の数か月前、ブッシュ大統領はキーウで発言を行い、その中でウクライナ人に対して「自殺的なナショナリズム」を拒むように訴え、ソ連からの独立を防ごうとした。[2] しかし、独立を決めた一九九一年一二月一日の国民投票の結果を歓迎し、同年一二月二五日にウクライナを承認した。[3] 一二月二六日にドイツ、一二月二七日にフランス、二八日にイタリア、また三一日にイギリスがウクライナを承認した。[4] それを受けて、日本は一九九一年一二月二八日にウクライナを承認し、一九九二年一月二六日に外交関係を開設した。[5] つまり、日本は欧州主要国の動きを参考にしてウクライナ独立承認に至ったのである。

1991年12月1日に行われたウクライナの独立を問う全国住民投票の様子。
photo:ウクルインフォルム通信提供

　また、外務省は外交実施体制として、一九九三年一月に中央アジアの中で人口の多いカザフスタンとウズベキスタン、欧州地域のウクライナ、ベラルーシに大使館を開設した。それに加えて、同年四月、本省の欧亜局内に新独立国家一一か国との関係を担当する「新独立国家（ＮＩＳ）室」が設けられ、ＮＩＳ諸国に対する人道支援および技術支援のための予算が設けられた。二〇〇一年の日本外務省の改革により、従来の欧亜局が改組されて欧州局が発足し、ウクライナはその中の中・東欧課に属するようになった。中・東欧課以外に、政策課、西欧課およびロシア課が欧州局に設置された。

ソ連崩壊が明らかになった時点で、最初にウクライナに対して動き始めたのは日本の貿易業界である。総合商社は、ウクライナが旧ソ連諸国の中で、人口のほか経済面でもロシアに次ぐ位置を占めていることを考慮し、一九九一年秋、首都キーウに駐在員事務所の開設準備を進め始めた。[6] 一方、ウクライナ側は、ソ連の軍需産業の四〇％がウクライナに集中していたため、それを民需へ転換するために日本政府と日本企業の協力を呼びかけた。ウクライナ経済改革委員会のヴォロディーミル・ピリプチュク委員長は記者会見の中で、自動車や電子、医療産業、食品加工、情報通信網や金融決済システム整備などの分野で日本の協力を要請した。[7]

キーウの日本大使館

核兵器をめぐる問題

政治面では、日本政府は核不拡散のためにウクライナ政府に対して核管理の重要性を訴え、民主化と市場経済への移行を進める方針を堅持することに期待を示した。外務省は一九九一年一二月半ば、ウクライナの動向を把握するとともに日本政府の方針をウクライナ側に伝達するため、新井弘一大使をキーウに派遣した。[8] 新井大使はレオニード・クラウチュク大統領やアナトーリー・ズレンコ外相と会談し、ウクライナの将来の方向や各国との関係などについて意見交換した。ウクライナ大統領は、旧ソ連が締結した条約の遵守や旧ソ連の抱える対外債務を継承する方針を明らかにし、日本との間に法的な枠組みを作りたいという意向を示した。また、日本がウクライナを国家承認することに強い期待感を表明した。[9]

一九九二年一〇月から一九九四年五月にかけて、旧ソ連支援東京会合のためにオレーフ・スレピチェウ副首相、ミコラ・マカレヴィチ外相次官およびミコラ・シュリハ国会議員による日本訪問が実施されたが、[10] 首脳会談は行われず、ハイレベルの政治的対話はなされなかった。

両国間の政治対話の発展を妨げたものとして、第一にウクライナの核兵器問題が挙げられる。国際社会は、世界第三位の規模の核兵器保有国の誕生の可能性を非常に懸念していた。また、日本は唯一の核被爆国として、国連への加入以来、核兵器の不拡散と削減を目指して多大な努力をしてきた。したがって、ウクライナの核兵器放棄と核兵器不拡散条約への加盟は、日本を含む国際社会との関係の発展にとって非常に重要な要素であったと考えられる。一九九四年の「三か国声明」でその問題は解決され、ロシアへの戦略核兵器の移送が始まった。

日本の政治戦略とウクライナの内政事情

二つ目の理由は、日本の政治的戦略にあったと見られる。なぜなら、ソ連崩壊後、日本がロシアと中央アジア諸国との関係を重視したからである。日本にとって「北方領土」の返還が重要な戦略的課題であったため、一九九〇年代初頭、新しいロシア当局との関係の確立に大きな注意が払われた。経済面に関しては、エネルギー源の多様化の必要性から、日本の関心は主に石油と天然ガスが豊富な中央アジア地域に集中していた。

日本は中央アジア諸国と安定した政治的な関係を樹立し、経済援助を与えることによって、世界の石油価格に影響を及ぼすこの地域の安定に貢献しようとしたことが見て取れる。一九九二年、渡辺美智雄外務大臣がキルギスタンとカザフスタンを訪問し、その後、一九九三年から一九九四年にかけてキルギスタン、カザフスタン、ウズベキスタンの大統領が来日した。

1996年に導入されたウクライナ通貨のフリウニャ。1フリウニャ札にヴォロディーミル1世の肖像が使われている。

三つ目には、ウクライナ国内の不安定な情勢も二国間関係の進展を限定的にしたことである。ウクライナ政府は経済・政治・司法体制などをゼロから構築しなければならなかったため、国内問題に取り組みながら、外交方針を決める必要があった。「ウクライナの基本外交方針」は一九九三年、憲法は一九九六年、「ウクライナ国家安全保障の概念」は一九九七年に可決された。

また、ウクライナは独立によって経済的危機に陥った。例えば、一九九二年のインフレ率は二七三〇％であり、一九九三年には一万一五五％まで上がった。[11]さらに当時、アジア太平洋地域には、インドと中国以外、ウクライナ大使館がなかった。在日ウクライナ大使館は一九九四年九月に開設され、翌年ミハイロ・ダシケヴィチが最初の駐日ウクライナ大使に任命された。

第2節　政治対話の拡大および二国間協力の緊密化（1995-2005年）

日本とウクライナとの相互関係における次の時期は、レオニード・クチマ大統領が日本訪問を行った一九九五年から、ヴィクトル・ユーシチェンコ大統領が日本を訪れた二〇〇五年までである。その間、日本とウクライナの政治的かつ経済的な関係が組織化され、国際機関における協力が緊密になった。

ウクライナ大統領の初訪日

一九九五年の初めには、ウクライナ大統領の日本訪問の準備が始められた。ウクライナのヘナディー・ウドヴェンコ外相と日本の河野洋平外相は国連総会の際に会談し、大統領の訪日について話し合った。大統領の訪日に先立って行われた両国の往来は、同年一月のダシケヴィチ・ウクライナ大使着任、柳澤伯夫外務政務次官のウクライナ訪問、三月のボリス・タラシューク・ウクライナ外務第一次官の訪日であった。[12]

クチマ大統領は、三月二二日から二五日にかけて日本を公式訪問し、天皇との会見および財界関係者との会談のほか、村山富市首相との首脳会談を行い、共同声明に署名した。

初の日ウ首脳共同声明

この日本とウクライナの国家首脳による初めての声明の内容は、四つのテーマに分けられる。

第一に、経済協力である。クチマ大統領は、会談のなかで市場経済化などへの支援を要請し、村山首相は、ウクライナの安定が世界平和の要件であるとして、同国の市場経済導入および経済改革のための金融支援を行う意向を表明した。具体的には、日本はウクライナと国際通貨基金との間でスタンドバイ・クレジットが合意された後、日本輸出入銀行による一億五〇〇〇万ドルの融資および五〇〇〇万ドルの輸出信用供与を実施することを約束した。その結果、一九九五年一二月に日本輸出入銀行は総額二四〇億円の融資を行うと発表し、その資金はウクライナの外貨準備や輸出産業の振興などに充てられることとなった。[13]

第二に、共同声明の焦点となったのは、国連における日本とウクライナとの協力である。クチマ大統領は初めて安全保障理事会の改革において日

クチマ大統領と村山総理大臣による共同声明への署名式、1995年。photo:ウクルインフォルム通信提供

本の常任理事国入りの支持を表明し、両首脳は安全保障理事会の拡大により、機能維持と地域的配分の重要性が考慮されるべきことで一致した。これは日本とウクライナの政治協力にとって極めて大きな意味を持っており、二〇〇五年を頂点とした国連安保理改革についての緊密な連携に繋がった。

第三に、核拡散防止条約に関する諸問題が取り上げられた。日本はウクライナの核拡散防止条約への加入（一九九四年一一月）を歓迎し、両首脳は四月に期限切れとなる同条約の無期限延長を支持する意向を表明した。それに加えて、日本はウクライナの核兵器廃棄の促進などで協力していくことを確認した。

第四に、日本とウクライナとの伝統的な協力分野であるチェルノブイリ原発事故の後始末に向けた支援への言及である。チェルノブイリ原発事故の影響を克服することが人道的観点から極めて重要であるとし、日本の専門家派遣・医療機器供与などの分野で一層の協力が必要とされた。また、日本は、チェルノブイリ型事故の災害防止のためG７作成の行動計画の実施を積極的に支持する旨を表明した[14]。

最後に、日ソ間で結んだ日本とウクライナとの条約の承継が確認された。

包括的政治対話の促進による関係強化

クチマ大統領の訪日を契機に、日本とウクライナとの間でより包括的な政治対話が促進された。一九九六年六月、池田行彦外務大臣は日本の外相として初めてウクライナを訪問し、クチマ大統領と会談した。続いて、一九九七年五月にウドヴェンコ外相が訪日し、池田外相、政府要人、国会議員、財界人と会談した。その際に日本の政府開発援助（ＯＤＡ）供与に関する協議が開始されたほか、ウクライナにおける日本センター設立に関する覚書が署名された。なお、同ウクライナ外相は一九九八年三月にも国連総会議長として訪日した。

一九九九年に両国は、外務次官のレベルで政治的な二国間協議を開始するという合意に達した。二〇〇〇年六月にオレクサンドル・マイダンニク外務次官が日本を訪れ、前年に設置された協議が初めて行われた。また、同年同月、タラシューク外相が小渕前総理大臣の葬儀参列のために訪日した。

非核化、経済関係、北朝鮮・イラク問題の合意と協力

日本の外務大臣による二度目のウクライナ訪問は、二〇〇三年八月三一日から九月二日にかけて行われた。川口順子外相はクチマ大統領およびヴィクトル・ヤヌコーヴィチ首相と会談し、貿易、経済における協力および投資の拡大について話し合った。そして、ズレンコ外相と協議し、政治・経済分野での協力、発展の意思を表明する共同コミュニケに署名した。

共同声明の中で、第一に、核不拡散・非核化支援の分野において協力関係の継続および強化が確認された。川口大臣は、一九九四年に締結された「ウクライナにおいて削減される核兵器の廃棄に係る協力およびこの協力のための委員会の設置に関する日本国政府とウクライナ政府との間の協定」に基づいて設置された、日本・ウクライナ非核化協力委員会を通じたさらなる協力の検討およびチェルノブイリ被災民に対する継続的な協力姿勢を表明し、ズレンコ外相は日本の支援への高い評価と将来の協力への期待を述べた。

第二に、二国間の経済関係の強化および経済協力の発展に向けた努力が共同声明の重要な焦点となった。

まず、川口大臣はウクライナのWTO（世界貿易機関）への早期加盟に向けた努力を高く評価し、ウクライナのWTO加盟を支持する旨を表明した。それに対して、ウクライナ側は日本との交渉の早期妥結への期待を表明した。また、ウクライナ外相は、同国の民主化・市場経済化に向けた日本の協力に対し謝意を述べるとともに、技術協力・無償資金協力協定の早期締結に向けて全力をあげる旨を明らかにした。

第三に、共同声明のテーマとなったのは日ウ高官レベル会談で初めて取り上げられた北朝鮮問題である。ズレンコ外相は、核廃棄に係るウクライナの経験を北朝鮮と共有する用意があることを表明するとともに、核・ミサイル・拉致等の問題の包括的解決を目指すとの日本の立場を支持した。また、クチマ大統領は、拉致被害者の家族の帰国の問題を直ちに実行が求められる問題であるとの認識を示した。

最後に、国際問題に関しては、両国はテロを断固として非難する旨で一致した上で、イラク復興支援に向けた取り組みを確認し、相互に評価した。ズレンコ外相は、イラク、そしてアフガニスタンへの復興支援への日本の貢献を高く評価した。またウクライナ側は京都議定書批准の方針を決定した旨を通知し、第二次世界大戦後に旧ソ連に抑留されウクライナで死亡した日本人のための慰霊碑建立に関する協力を確認した。[15]

二〇〇四年六月にウクライナのコスチャンチン・フリシチェンコ外相が日本を訪れ、日本の川口外相と会談し、二国間関係、ウクライナのWTOへの加盟、ウクライナの非核化、環境問題、イラクと北朝鮮における情勢について意見交換した。日本側はウクライナによる京都議定書の批准を歓迎し、二〇〇四年一一月に行われるウクライナ大統領選挙に深い関心を示した。また、両国間の重要な技術協力・無償資金協力協定が締結され、日本の政府開発援助（ＯＤＡ）供与に関する法的枠組みが構築された。フリシチェンコ外相は日本訪問において、ＮＡＴＯやＥＵと完全に統合することをウクライナ外交の優先課題とし、また、同国経済の高成長を背景に日本との経済関係を拡大することによってウクライナにおけるさらなる民主化と市場経済の発展をはかることを日ウ協力の中心的な課題とした。[16]このように、フリシチェンコ外相による訪日は川口外務大臣のウクライナ訪問の結果をフォローするものであり、次期における日ウ関係の基盤を整えた。

国会議員間の協力

一九九五年三月一〇日に、両国議会の友好関係を深めること、政治的対話を推進すること、市場経済改革を支持することなどを目的とした日本・ウクライナ友好議員連盟が樹立された。[17]日・ウクライナ友好議連の会長は、林義郎衆議院議員（初代会長。一九九五―二〇〇三）、柳澤伯夫衆議院議員（二〇〇三―二〇一二）、森英介衆議院議員（二〇一一―現在）である。また、ウクライナ国会にはウクライナ日本友好議員連盟が設立された。二〇二二年一月現在、ヤロスラウ・ゼレジニャーク議員およびハリーナ・ミハイリュー ク議員がその会長を務めている。[18]

日本・ウクライナ友好議員連盟会長を務める森英介衆議院議員。
photo：森英介氏提供

国会議長間の対話も一九九七年に始まった。七月に逢沢一郎衆議院議員（外務委員長）、八月に齋藤十郎参議院議長、九月に日・ウクライナ友好議連の林義朗会長が、両国国会間の対話を深めることを目的にウクライナを訪れた。

さらに、二〇〇一年一一月、ステパン・ハウリシュ最高会議副議長が日本を訪問し、天皇陛下に拝謁するとともに、綿貫民輔衆議院議長をはじめとする日本の国会議員と数回の会談を行った。二〇〇三年五月にはヴォロディーミル・リトヴィン最高会議議長が初めて訪日、広島等を訪問し、核の被害を受けた両国の共通点を基礎に両国関係を発展させるべきであると表明した。同八月、柳澤伯夫日・ウクライナ友好議連会長がウクライナを訪問した。二〇〇五年、国会間の協力は、ウクライナ最高会議外務委員会副委員長イーホル・オスターシュによる日本訪問および原田義昭衆議院外務委員会委員長によるウクライナ訪問によって維持された[19]。

オレンジ革命

二〇〇四年一一月、ウクライナでは大統領選挙の結果に対する大規模な抗議行動（「オレンジ革命」と呼ばれる）が巻き起こった。クチマ政権の時代が終わりに近づく中、だれが次期大統領になるかという問題が大きな関心事だったが、第一回投票で候補者が二人に絞られ、親ロシアで守旧派のヴィクトル・ヤヌコーヴィチ首相とEUへの早期加盟を掲げる改革派のヴィクトル・ユーシチェンコの一騎打ちとなった。第二回投票の結果、ヤヌコーヴィチの勝利が発表されたが、ヤヌコーヴィチ陣営による組織的な選挙違反行為が明らかになり、ユーシチェンコとその支持者は選挙のやり直しを求めた。改革派の支持者は首都キーウの中央広場に集結し、数週間にわたってデモを行った。その結果、第三回投票が行われた二〇〇四年一二月二六日には世界各国から一万二〇〇〇人を超える選挙監視員が派遣され、世界が注目する中での出直し選挙となった。この選挙を制したのは改革派のユーシチェンコである。

オレンジ革命はウクライナの国際的なイメージに多大な影響を与えた。民主主義の伝統を持つ日本でもその事件は大きな政変とみなされ、ウクライナ国内情勢は頻繁に報道された。例えば、毎日新聞はほぼ毎日大統領選挙について報道し、二〇〇四年一一月から二〇〇五年一月まで六〇以上の記事を載せた。日本の報道機関によるオレンジ革命の評価の例として挙げられるのは、毎日新聞の「ウクライナのオレンジ革命」という社説である。その中で「オレンジ革命が一九九一年末のソ連解体に次ぎ、ロシアの勢力圏が壊れる第二の崩壊の序章になるかもしれない[20]」という意見が述べられた。

日本の研究者もオレンジ革命に深い関心を持った。東京大学の中井和夫教授はオレンジ革命を評価し、「ウクライナが歴史的な大転換を遂げ、民主国家としての第一歩を踏み出した[21]」と述べた。また、同氏は「選挙の争点はソ連型強権政治を継続するか、民主化を進めるかであり[22]」、ウクライナ国民は後者の道を選んだとしている。さらに、日本におけるウクライナ研究機関の一つである北海道大学スラブ研究センターが発表した「『民主化革命』とは何だったのか：グルジア、ウクライナ、クルグズスタン」という報告書において、著者の一人である藤森信吉研究員は二〇〇四年末のウクライナにおける政治の動きについて、「三度にわたる投票と抗議行動という三か月に及ぶ混乱を教訓とし、エリート、国民に民主的選挙の意味を問いた『オレンジ革命』は単なる政権交代にとどまらない、民主主義に至る分水嶺として評価すべきかもしれない[23]」と書いている。

日本政府は、ウクライナの大統領選挙が「自由で公正に行われることは同国の民主主義の定着にとって極めて重要」であるとして、選挙の公正な実施を支援するために在ウクライナ大使館員六人を選挙監視活動にあたらせる決定を行った。この内、二人は同選挙における主要な国際監視団である欧州安全保障協力機構／民主制度・人権事務所国際選挙監視ミッションの要員として派遣され、四人は日本政府の監視員としてウクライナ中央選挙管理委員会に登録された[24]。

新たなパートナーシップに関する共同声明

オレンジ革命を経たユーシチェンコ大統領は、日本との親密な関係がウクライナにとって重要であると考え、二国間関係を早急に発展させるために努力した。大統領は就任から数か月後の二〇〇五年七月二〇日から二三日にかけて日本を訪問し、小泉純一郎首相と会談した。小泉首相はオレンジ革命を通じたウクライナの民主化への努力とユーシチェンコ大統領の指導力を高く評価し、ウクライナの民主化・市場経済化のためにできる限りの支援を表明し、会談の後で両首脳は「新たなパートナーシップに関する共同声明」を発表した。

その共同声明に含まれている内容はクチマ・村山共同声明よりも拡大しており、「新たなパートナーシップへの展望」、「経済・科学技術分野における協力」、「国際的課題」および「両国民間の相互理解」という部分からなっている。

第一に、「新たなパートナーシップへの展望」のセクションでは、ウクライナにおける民主化の進展が初めて首脳レベルの話し合いの対象となった。二〇〇四年の大統領選挙でウクライナ国民が自らの指導者を自由に選出する権利を行使したことはウクライナの民主化の進展として称賛され、日本側はウクライナと基本的価値観を共有する対等なパートナーとして、新たなパートナーシップ構築のために最大限努力する意向を表明した。さらに、東欧の平和と安定につながる民主化や経済の移行を支援する二国間対話および協力を強化するため、外相レベルの「日本・ウクライナ協力委員会」を設置することが決定された。

共同声明に署名する小泉首相とユーシチェンコ大統領。
出典：首相官邸ホームページ
https://warp.ndl.go.jp/info:ndljp/pid/284573/www.kantei.go.jp/jp/koizumiphoto/2005/07/21ukraine.html

第二に、「経済・科学技術分野における協力」に関しては、双方は、ウクライナのＷＴＯ加盟に関する二国間交渉の妥結、国際協力銀行によるバンク・ローン供与および「ウクライナ・日本センター」の設立を歓迎した。また、ウクライナ側は初の円借款案件「ボリスポリ国際空港拡張計画」について謝意を述べ、両国は、投資環境に関する二国間協議を促進する意向を表明した。さらに、科学技術分野における二国間協力強化の意向が再確認され、八月のウクライナのロケットによる宇宙航空研究開発機構の衛星打ち上げが留意された。

第三に、「国際的課題」についての話し合いでまず話題となったのは、国連安全保障理事会改革である。両国は国連安全保障理事会改革枠組み決議案の共同提案国同士として協力していくことで一致し、その早期実現のため共同して取り組む決意を表明した。また、両首脳は、広島・長崎被爆六〇周年にあたり、核による悲劇を繰り返さないとの強い決意を再確認し、日本側はチェルノブイリ原発事故の被災者への支援を継続することを約束した。さらに、国連平和維持活動において協力する意向が確認され、双方は、ゴラン高原における自衛隊とウクライナ軍部隊との協力関係を構築していくことを決めた。その他、テロとの戦い、北朝鮮問題およびイラク復興が焦点となった。

第四に、「両国民間の相互理解」に関しては、文化交流等を通じた相互理解の強化が重視され、二〇〇六年にウクライナで日本月間、日本でウクライナ月間を開催することが決定された。さらに、ウクライナは人的交流促進のため、日本国民に対し短期滞在査証を免除した。[25]

なお、首脳会談の後で、科学技術協力に関する日・ウクライナ共同記者発表が行われた。両首脳は、これまでのウクライナ科学技術センターおよび国際チェルノブイリ・センターを通じた協力の成功を歓迎し、二一世紀において両国が直面している課題に取り組むため、科学技術分野における一層の協力の可能性があるとの認識を共有した。そのような協力を促進するために、一九七三年の科学技術協力に関する日本とソ連との協定に基づく協力を再活性化し、「日・ウクライナ科学技術協力委員会」を開催する意向を表明した。さらに、科学技術分野における両国間の協力を推進するため、両国の関係機関および専門家間の交流が奨励された。[26]

国連安保理をめぐる協力

以上の二国間関係の発展に加えて、国際的な舞台における日・ウクライナ間協力が緊密化し、拡大した。

第一に、二〇〇五年に国連安全保障理事会改革に関する日本・ウクライナ間の協力は頂点に達した。まず、二〇〇四年九月の国連の第五九回国連総会一般討論演説において小泉総理が安全保障理事会改革の早期実現を強く訴えるとともに、日本がこれまで国際の平和と安全のために果たしてきた役割は、常任理事国となるにふさわしい確固たる基盤となるものであると表明した。また、有力な常任理事国候補国であるブラジル、ドイツおよびインドと常任理事国入りに向けて相互支持を確認した。

続いて、二〇〇五年三月にコフィー・アナン事務総長が報告書「より大きな自由を求めて」を発表した。その中で、事務総長は事務総長の諮問機関として設置された「ハイレベル委員会」の報告書で示されたモデルＡ（常任六議席、非常任三議席の拡大）、モデルＢ（再選可能な四年任期の非常任八議席、現行非常任一議席の拡大）、あるいはいずれかのモデルを基礎とするその他の提案を、加盟国に対して検討するよう勧告した。これを受けて、日本は同年七月に、ブラジル、ドイツおよびインドとともに、モデルＡの考え方と同じ流れを汲む、「安全保障理事会改革に関する枠組み決議案」（Ｇ４決議案）を国連総会に提出した。その内容は、常任理事国を一一か国に増やし、非常任理事国も四か国増の一四か国として、安全

ニューヨークの国連本部。photo：著者提供

保障理事会を二五か国に拡大することである。[27] ウクライナは、非常任理事国に東欧諸国より一か国を追加する日本のイニシアチブを強く支持し、「G4決議案」の共同提案国となった。しかし、採択に必要な全加盟国の三分の二の支持を獲得する見込みを得られず、決議案は採択に付されるには至らなかった。他方で、こうした取り組みにより、安全保障理事会改革に向けた機運はかつてなく高まった。

「日本・黒海地域対話」の開催

第二に、同年一一月に東京で外務省、読売新聞社の後援を得たグローバル・フォーラムによって新たな交流機関となった第一回「日本・黒海地域対話（「黒海地域の平和・繁栄と日本の役割」）」が開催された。黒海地域側からはウクライナ、ルーマニア、ブルガリア、ギリシャ、トルコ、ジョージア、ロシアの前国防相、元外相などを含む一四人が、日本側からは原田親仁外務省欧州局長、伊藤憲一フォーラム執行世話人を含む一四人が出席した。「機能的協力の展望」「諸大国の戦略」「日本の役割」の三つのセッションで議論が進められ、エネルギー、運輸、環境、貿易、経済開発、観光、農業、科学技術、民主化、人権、麻薬・武器密輸、テロ対策等の諸分野における地域協力の成果が報告された。

また、ジャパリゼ事務総長から日本の黒海経済協力機構へのオブザーバーとしての参加要請があり、原田局長より「前向きに検討したい[28]」との回答が出され、二〇一〇年三月、日本は黒海経済協力機構の分野を特定しない分野別対話パートナーとしての地位が承認された。[29]

日ウ関係拡大の背景

以上のような政治対話の発展は、両国それぞれの外交の文脈において検討しなければならない。ウクライナについては、クチマ政権下で外交関係の目ざましい発展が見られた。まず、ウクライナとロシアとの関係については、一九九七年に両国間で最大の懸案であった包括的な友好協力条約が調印された。また、ロシア側が同条約の発効の条件としていた黒海艦隊分割に関する三協定も、一九九九年にウクライナ最高会議によって批准され、独立以来の両国の懸案が解決された。それに加えて、二〇〇三年に陸上部分の国境を画定する国境条約の署名が行われた。

ロシアとの関係を安定させようとしたウクライナは、欧州統合を優先事項に掲げ、ヨーロッパ関係の拡大・深化に努めていた。一九九四年にＥＵとの「パートナーシップ協力協定」が調印され、一九九八年に発効した。また一九九九年に「ＥＵ対ウクライナ共通戦略」が採択され、二〇〇三年に欧州委員会は近隣諸国との関係強化を目指す「ワイダーヨーロッパ（より広い欧州）」、二〇〇四年に「欧州近隣諸国政策」を発表した。防衛協力に関しては、一九九四年にウクライナとＮＡＴＯとの間で「平和のためのパートナーシップ協定」に署名したのに続き、一九九七年には「ウクライナ・ＮＡＴＯ間の特別な関係に関する憲章」が調印された。また、二〇〇二年五月、「ウクライナのＮＡＴＯ加盟に向けた準備に着手する」決議が採択され、クチマ大統領が同大統領令に署名した。日ウ関係の協力の拡大は、このようなウクライナ外交の飛躍的な発展を背景としていた。

日本に関しては、一九九七年に橋本龍太郎総理大臣がいわゆる「ユーラシア外交」（「シルクロード地域外交」）

を提唱し、ロシア、中央アジア、コーカサスへの関与が大きく拡大された。「ユーラシア外交」という言葉は小渕恵三衆院議員の中央アジア訪問の際に初めて使用され、その後、橋本首相による演説によって日本の外交政策とされた。その原則は、(1)信頼と相互理解の強化のための政治対話、(2)繁栄に協力するための経済協力や資源開発協力、(3)核不拡散や民主化、安定化による平和のための協力、を中央アジア諸国に対して呼びかけるものであった。[30] 一九九八年に橋本首相が辞任した後、この外交方針は小渕内閣によって継続された。一九九九年に高村正彦外相はウズベキスタンを訪問し、二〇〇二年にタジキスタン、二〇〇三年にキルギス(クルグズスタン)に日本大使館が開設された。[31]

「シルクロード地域外交」の延長となったのは、「中央アジア+日本」対話である。そのプランは二〇〇四年に川口順子外相(当時)によって発起され、中央アジア諸国の多様性を尊重すること、中央アジア諸国が互いに競合しながらも協力を旨とするべきであること、および「中央アジア+日本」対話フォーラムに第三国も参加できることを原則とした。二〇〇六年六月に東京で開催された第二回外相会合では、麻生太郎外相(当時)が議長を務め、政治対話、地域内協力、ビジネス振興、知的対話、文化交流・人的交流を五本の柱として、各分野における協力の具体的方向性を示す「行動計画」が署名された。[32]

「シルクロード地域外交」並びに「中央アジア+日本」対話の創設は日本外交の地理的な拡大を意味し、ウクライナにとっても非常に重要な意義があった。ソ連崩壊によって二極体制も崩れ、日本はより積極的な外交政策を採るようになり、二〇〇六年に麻生外相は「シルクロード地域外交」の延長と思われる「自由と繁栄の弧」を打ち出した。

第3節　「自由と繁栄の弧」構想と「GUAM＋日本」の成立（2006-2013年）

日本とウクライナとの相互関係における三番目の時期は、「自由と繁栄の弧」が日本外交の軸として導入された二〇〇六年から二〇一三年までである。

「自由と繁栄の弧」と「価値の外交」

二〇〇六年六月三〇日から七月一日にかけて、麻生外相はウクライナを訪問し、タラシューク外相との間で第一回日・ウクライナ協力委員会（外相会談）を行い、日・ウクライナ協力委員会の活動に関する覚書に署名した。さらに、麻生外相とユーリヤ・ティモシェンコ次期首相の会談の席上、ウクライナ側は日本との経済関係を強化したいと述べた。それに対して麻生外相は、ウクライナの市場経済化を引き続き支援すること、また、五月に活動が開始された「ウクライナ・日本センター」を通じ、ＪＩＣＡ、国際交流基金、ＪＥＴＲＯと協力しつつ経済協力、文化交流および経済関係を発展させることをウクライナ側に伝えた。このほ

第1回日・ウクライナ協力委員会。photo:外務省提供

麻生太郎著『自由と繁栄の弧』2007年、幻冬舎刊。

か、麻生外相はアルセニー・ヤツェニューク経済大臣との間で文化無償案件の交換公文への署名を行った。[33]

麻生外務大臣は、日本の外交政策におけるウクライナの位置づけに大きな影響を与えた。というのは、同氏が二〇〇六年一一月三〇日に「自由と繁栄の弧」構想を発表し、[34]日本の新たな外交原則を導入したからである。

第二次世界大戦後、日米同盟が成立し、日本は安全保障の対米依存、経済通商の重視および軽軍備の要素からなる吉田ドクトリンを導入した。それは日本の国際社会への復帰と経済発展に大きく貢献したが、国際舞台における日本の存在感の薄さに繋がった。一九五七年、日本は「国際連合中心」、「自由主義諸国との協調」および「アジアの一員としての立場の堅持」という外交の三原則を打ち出した。[35]だが、実際には冷戦が終わるまで、「自由主義諸国との協調」とは対米協調であり、対米関係は日本外交の最も大事な課題となっていた。[36]

ソ連の解体によって二極体制が崩壊した結果、日本外交の地平が拡大し、日本の首脳は新たな外交の戦略を立てるようになった。そこで、新たな構想が導入され、日本は、バルト諸国からウクライナ、コーカサス、中央アジア、そして朝鮮半島まで、ユーラシア大陸の弧を形成する諸国が自由、民主主義、市場経済の価値観に基づき国家作りと繁栄を達成するために、積極的に協力していくこととした。この「自由と繁栄の弧」構想の導入により、ウクライナの国名が初めて日本の外交政策コンセプトの中に登場したのである。

このように日本は外交を進める上で民主主義、自由、人権、法の支配、市場経済といった「普遍的価値」を重視する「価値の外交」を試みた。「価値の外交」の意義は、民主化の促進のほかに日本外交のグローバル化、日本のイメージ向上、自主外交の強化および欧州との協力強化にあるとされる。

しかし、民主主義の発展への貢献は日本にとって新たな発想ではなかった。一九八九年に日本はポーランドとハンガリーに対して総額一九億五〇〇〇万ドルを供与し、ソ連崩壊後には、ウクライナを含めた独立国家に対して人道支援を行った。また、一九九五年にボスニア・ヘルツェゴヴィナでも、戦争の終結とともに五億ドルを拠出したほか、一九九六年のリヨン・サミットでは「民主的発展のためのパートナーシップ」を発表し、その一環としてカンボジア・ベトナム・ラオス（CLV諸国）、さらにモンゴルやウズベキスタンといった国々に対して法制度づくりなどの国家建設の基礎作業を支援した実績がある。また、日本は一九九七年金融危機に直面していたASEANおよび韓国に対して総額三〇〇億ドルの支援を行っている[37]。

以上のように日本はアジアを中心に世界中で民主主義体制の定着を支援してきたが、「価値の外交」を導入することによってウクライナが位置する黒海地域が日本外交の新たな対象エリアとなった。静岡県立大学の六鹿茂夫名誉教授は、日本の経済を中心とした対ユーラシア外交の力点を政治的次元のものに移すという意味で、「価値の外交」を「外交革命」と位置づけ、歴史的・地理的に「力の真空」地帯であり、日本のようなEU以外の先進国との協力を求めている黒海地域および東ヨーロッパを外交の対象とすることの適切性を指摘している。また、六鹿教授は、「価値の外交」の役割として、「凍結された紛争」を抱えるジョージアやモルドバに対して引き締めを強化しているロシアの再帝国化阻止への期待に言及している。さらに、同教授によれば、日本の重点支援対象地域は西部新独立国家（ウクライナ、モルドバ、ベラルーシ）および南コーカサスに絞るべきであり、中でも戦略上最重要国家はウクライナであるとしている。なぜなら、ウクライナが直面するロシアかヨーロッパかの選択は、将来のユーラシア国際政治を決定していく最重要要因の一つだからである。したがって、日本が今までウクライナにおける民主化を支えてきたポーランドと米国とともにウクライナを積極的に支援していくことは重要であると述べている。[38]

「GUAM＋日本」会合

「価値の外交」の一環として、日本がこの地域における民主主義と市場経済への移行を目的とする地域機関との協力関係を構築する観点から、「自由と繁栄の弧」の形成に向けて、二〇〇七年六月に「GUAM＋日本」会合が開催され、日本とGUAM諸国（アゼルバイジャン、ウクライナ、ジョージア、モルドバ）との間の対話・協力の枠組みが確立された。その中で双方は「省エネ技術を含む環境分野」および「対GUAM投資促進を中心とする経済関係の強化」の二つの分野で協力することで合意した。[39] クリニチ駐日ウクライナ大使はそれに対して「『自由と繁栄の弧』という日本の新たな外交原則は、日本外交におけるウクライナの位置づけを変更し、ウクライナが自らバルト海・黒海・カスピ海地域におけるリーダーの一国として名乗りを挙げる新たなチャンスを与えてくれた[40]」と述べ、日本のイニシアチブに対して高い評価を示した。

続いて、二〇〇七年一二月四日から五日にかけて東京において日本とGUAMの第二回会合が開催され、GUAM代表者は新たに任命された片上慶一GUAM担当外務省特別代表との政策協議を行った。会合の参加者は貿易および投資の促進、観光の促進、エネルギー並びに運輸インフラ等の分野における協力の可能性、また、国際連合安全保障理事会決議に基づく紛争の平和的解決について協議した。[41]

二〇〇八年七月一日にジョージアにおいて第三回「GUAM＋日本」会合が、第三回GUAM首脳会合の枠内で開催された。日本側は、GUAMが地域機構として着実に制度的に発展していることを歓迎し、二〇〇八年秋以降、東京における「GUAM諸国投資・貿易促進ワークショップ」の実施を提案した。GUAM側は、民主化と経済発展を効率的に実現させるため、加盟国間で協力を一層強化する意図を再確認した。[42]

二〇〇九年二月一九日、東京において四回目の会合が開催された。会合でウクライナを代表したのは、オレクサンドル・ホリン外務次官である。参加者は従来のテーマに加えて気候変動および国連安全保障理事会の改革について意見交換を行い、二〇〇八年一二月四日のOSCE（欧州安全保障協力機構）外相理事会の機会にヘルシンキで開催された「GUAM＋日本」外相級会合を含めた、同年の日本とGUAM間の充実した対話を歓迎した。また、二〇〇九年一月にキーウで開催された観光の専門家会合におけるイニシアチブおよび同年二月に東京で行われた投資貿易促進ワークショップを評価した。

なお、日本側は、キーウのGUAM事務局の新しい事務所開設を歓迎し、事務所を支持する可能性を検討する用意がある旨を表明した。一方、GUAM側は、「自由と繁栄の弧」の概念の下、市場経済と民主主義を志向する諸国の努力を支持する日本の決定を歓迎した。[43]

日本の政権変動の影響

しかし、二〇〇九年九月に日本において政権交代が行われ、民主党政権が発足すると、「自由と繁栄の弧」という概念は一時的に強調されなくなった。その理由は、まず、新政権には自民党と関連づけられてしまう外交イニシアチブを継続する見込みが薄かった。また、米国から距離を置こうとした鳩山由紀夫総理大臣は、アジア諸国、特に中国および韓国との関係を重視し、祖父鳩山一郎から引き継いだ友愛外交を外交政策の主要理念とした。友愛外交とは、中国など政治経済体制の異なる諸国の懸念を高めると批判された「自由と繁栄の弧」とは違い、日本と価値観の異なる国に対して互いの立場を認め合いながら共存共栄していく、という趣旨の外交方針であった。

二〇一二年一二月一六日、第四六回衆院選で自民党は絶対安定多数を超える二九四議席を獲得し、同じく野党だった公明党とともに政権与党に復帰した。総選挙一〇日後の一二月二六日、野田第三次改造内閣は総辞職し、五年ぶりに安倍晋三が首相に返り咲いて第二次安倍内閣が成立した。

安倍内閣は、二〇一三年一二月に発表された日本の国家安全保障戦略において、「自由、民主主義、人権、法の支配といった普遍的価値を共有する国々との連帯を通じグローバルな課題に貢献する外交を展開」し、「民主化支援、法制度整備支援、人権分野のODA等を積極的に活用する」とした。[44] これにより民主主義の発展へのサポートは日本外交の大事な課題として再確認された。

ウクライナの国際的存在感を高めた二国間協力

「自由と繁栄の弧」は、ウクライナにとって非常に大きな意義を持った。まず、「価値の外交」の導入によって日ウ関係はより緊密になった。また、「自由と繁栄の弧」を通じた日本の努力に後押しされて、GUAM諸国は民主主義発展への自信をより深めたと言えよう。それ以前、EUおよび米国の支持だけに依存していたGUAMは、西欧とアプローチが異なる新たなパートナーを見つけたのである。さらに、「価値の外交」の枠組みにおける日ウ協力は、国際社会におけるウクライナの役割の重要性を向上させたと言ってもよいだろう。なぜなら、ウクライナがリーダーシップをとって設立した、ロシアから距離を置いた地域機関は、欧州と米国だけでなく東アジアの大国である日本から重要視されることになったからである。

協力分野の拡大

日・ウクライナ二国間政治対話に戻ると、二〇〇五年のユーシチェンコ大統領訪日および二〇〇六年の麻生外務大臣のウクライナ訪問は、日ウ政治対話を活発にし、官僚の交流を大きく促す契機となった。

二〇〇八年三月二四日から二六日にかけて、ヴォロディーミル・オフリズコ外務大臣は日本政府の招待で日本を訪れ、高村正彦外務大臣との間で日・ウクライナ協力委員会（外相会談）第二回会合を行った。両大臣は共同声明の中で、民主主義、自由、人権、法の支配、市場経済といった基本的価値を共有する日本とウクライナとの関係を強化することの重要性に留意し、GUAMの枠組みにおいて、引き続き二国間および多数国間で対話を強化していく決意を確認した。[45]

続いて二〇〇九年三月、ユーリヤ・ティモシェンコ首相はフリホーリー・ネミーリャ副首相、ボフダン・ダニリシン経済相とともに日本を訪れた。会合の冒頭で、ウクライナの民主化と市場経済化の努力を支援する日本の方針が再確認され、ティモシェンコ首相より、麻生総理による「自由と繁栄の弧」構想への高い評価やODAなどこれまでの日本のウクライナに対する継続的な支援への謝意が表明された。またウクライナ側はGUAMに対する日本の支援、日本とGUAMとの間の積極的協力および対話を高く評価し、双方は「GUAM+日本」対話の継続が、観光、貿易および投資、省エネルギーおよび環境保護といった相互の関心分野におけるさらなる協力のための強力な基盤を創設することを確信していると表明した。[46]

ユーリヤ・ティモシェンコ首相と麻生太郎総理大臣の首脳会談、2009年。
photo:ウクルインフォルム通信提供

また両首脳は、日本・ウクライナ経済合同委員会会合の開催や、日本貿易保険とウクライナ輸出入銀行との協力に関する覚書の締結など経済協力の成果を歓迎し、二国間経済関係をさらに発展させていくことを確認した。さらに現下の経済・金融危機への対応について、麻生総理は金融分野の専門家を早期にウクライナに派遣する考えを伝え、ティモシェンコ首相は強い期待を表明するとともに、日本政府が先にIMFに対する一〇〇〇億米ドル相当の融資を決定したことを高く評価した。

気候変動分野において、両首脳は「グリーン投資スキーム」に基づきウクライナから日本への排出割当量の移転が両国間で合意されたことを歓迎し、麻生総理は日本の環境技術関連企業のミッションをウクライナに派遣する用意がある旨を伝達した。ウクライナ側は、これを歓迎し、気候変動枠組条約第一五回締約国会議（COP15）における次期枠組み合意に向けた協力を確認した。

そのほか、両首脳は経済分野における協力について討議し、国際情勢などについて意見交換を行い、科学技術協力委員会会合を東京で開催することで一致した。[47]

二〇一〇年の大統領選をめぐる懸念

二〇一〇年一月一七日、ウクライナ大統領選挙の第一回投票が行われ、前首相で地域党の党首であるヴィクトル・ヤヌコーヴィチが一位、首相のユーリヤ・ティモシェンコが二位となった。同年二月七日に決選投票が行われ、中央選挙管理委員会が一〇日に発表した最終集計結果によると、ヤヌコーヴィチの得票率四八・九五％が対立候補のティモシェンコ首相の四五・四七％を三・四八％上回り、ヤヌコーヴィチが勝利した。二〇〇四年に比べてヤヌコーヴィチの支持率が目ざましく向上した理由として、ウクライナを不安定化させたユーシチェンコ大統領とティモシェンコ首相の対立、ユーシチェンコ政権下でのロシアとの関係の悪化およびウクライナの経済状況に大きな悪影響を与えた世界金融危機が挙げられよう。

日本政府は大統領選挙監視のため、欧州安全保障協力機構／民主制度・人権事務所（ＯＳＣＥ／ＯＤＩＨＲ）国際選挙監視ミッションおよびウクライナ中央選挙管理委員会に人員二名ずつを派遣し、ウクライナにおける民主化を支持しようとした。監視ミッションが発表した報告によれば、二〇一〇年ウクライナ大統領選挙は「混乱もなく、透明性、民主性など、多くの点において国際的な基準を満たすものであった」ということであったため、日本もウクライナ大統領選挙を前向きに評価し、ウクライナのさらなる安定と発展に向けて新たに就任する大統領の下でウクライナ国民が一致団結することを希望するとともに、日・ウクライナ関係の一層の強化に取り組むことを発表した[48]。

大統領選挙の前後のウクライナの政治情勢は日本のマスコミからさまざまな評価を受けた。毎日新聞の「ウクライナ：東西の対立が心配だ」という記事によると、一番大きな懸念を引き起こすのは、「二つの『東西』の緊張」であった。一つは、「ウクライナは東側が親露、西側が親欧米とほぼ二分される」ことで、ヤヌコーヴィチ大統領には「バランスのとれた運営」が期待された。二つ目の緊張関係は、「ロシア・ウクライナ」および「米国・欧州」の構図である。新政権ではウクライナのNATO加盟方針が撤回される可能性が強かったからである[49]。つまり、二つの「東西」への分裂に繋がるヤヌコーヴィチ大統領の政治的志向が問題視されたと言えよう。その上で、ウクライナにおける民主主義の発展に関する懸念が浮かび上がった。同新聞の「民主化『揺れ戻し』に不安」という記事は、「オレンジ革命の数少ない成果とされる言論の自由の実情は複雑」と指摘し、「新政権の登場で道半ばの民主化がどこへ向かっているのか不透明感が漂う」と書いている。また、ヤヌコーヴィチ大統領はロシアのプーチン大統領と比較され、強権的な手法で秩序を回復させることによって「揺れ戻し」が起きる可能性があるとした[50]。

次に、日本の研究者がウクライナの政治における変化をどう考えているかについて触れよう。まず、「オレンジ革命の終焉―二〇一〇年ウクライナ大統領選挙の分析―」という論文を書いた石郷岡建（元毎日新聞モスクワ支局長）は、二〇〇四年および二〇一〇年のウクライナ大統領選挙を分析し、ウクライナにおいて、イデオロギー論争に代わり東西対立に見られるようなアイデンティティ問題が浮上したという結論を述べるとともに、「オレンジ革命の終焉」という論文の題名にもかかわらず、ウクライナの西欧への接近という政治的な流れは歴史的なものだとし、ロシアとの終わりのない問題に繋がることを指摘した[51]。

オレンジ革命の評価については、ロシアＮＩＳ経済研究所の服部倫卓所長（二〇二〇年就任）が執筆した「二〇一〇年ウクライナ大統領選と新政権」を見てみよう。服部氏は「オレンジ革命後に政権を担ってきた政治家や彼らの振る舞いが否定されたということであって、オレンジ革命の理想そのものが否定されたわけではない」とし、ヤヌコーヴィチ新政権については、「与党体制の安定という観点からは、プラスであろう」とする一方、「新政権の支持基盤は限定されることになり、与野党の対立は激化する[52]」というおそれを示した。

ヤヌコーヴィチ大統領訪日と経済関係強化

ヤヌコーヴィチ・ウクライナ大統領は二〇一一年一月一八日から二一日にかけて日本を訪れ、天皇陛下との会見、菅直人総理大臣、国会議員、経団連との会談のほか、京都と大阪の訪問などさまざまなイベントをこなした。ヤヌコーヴィチ大統領訪日の最も重要な課題かつ成果となったのは、日本・ウクライナ間経済関係の発展だと思われる。経済的低迷を経験している日本とさまざまな分野において、改革を実施しようとするウクライナ新政権は共通の優先課題を抱えていた。ヤヌコーヴィチ大統領は一八日に日本経団連の米倉弘昌会長と懇談し、二国間経済関係の一層の強化について意見交換を行った[53]。その後に行われた経団連幹部との会談において、ヤヌコーヴィチ大統領は日本・ウクライナ間協力の可能性および新政権の改革を紹介するスピーチを行ったほか、一九日に「ウクライナ投資セミナー」が行われた。

菅総理大臣とヤヌコーヴィチ大統領との会談は一月一八日に行われ、「日本・ウクライナ・グローバル・パートナーシップに関する共同声明」[54]が発表された。その中でも、中心となったのは両国の経済関係強化であった。第一に、両首脳は投資環境整備の重要性を確認しながら二〇一一年中に投資協定締結交渉を開始することで合意した。さらに、投資促進のために、菅総理は、投資分野の日本人専門家を派遣することを表明し、ヤヌコーヴィチ大統領は、二〇一一年一月から特定の分野における法人税の優遇措置を導入したことに言及した。

第二に、両首脳は国際協力銀行からウクライナ輸出入銀行に対して供与される最大八〇億円のバンク・ローンへの署名（一月一八日）を歓迎した。これは日本からの機械設備などの物品およびサービスの輸出を促進し、ウクライナの経済発展に貢献することを目指している。今回のローンを二〇〇五年のローンに比べてみると、三倍になったことが分かる。その理由として、海外市場の拡大および開発への日本の関心、並びにその対外債務の増加が考えられる。

第三に、両首脳は、ウクライナの広大な黒土地帯が穀物をはじめ農業生産向上の高い潜在性を有し、世界の食料供給バランスに貢献しうるとの見解を共有し、農業投資の促進および農業分野における知見と技術の共有の重要性を確認した。ヤヌコーヴィチ大統領は、日本を含む世界市場に対して農産品の安定供給を促進していく用意があることを表明し、菅総理はこれを歓迎した。

第四に、気候変動問題に取り組む必要性並びに京都議定書の下での共同実施（ＪＩ）およびグリーン投資スキーム（ＧＩＳ）を含む二国間協力の重要性が認識された。ヤヌコーヴィチ大統領は、日本からウクライナへの環境分野における投資を高く評価し、ＧＩＳ資金の適切かつ透明性ある運用の確保に関するウクライナ政府のコミットメントおよびＧＩＳの具体的な事業実施の約束を再確認した。

民主化への関心にはへだたりも

経済面に続き、「日本・ウクライナ・グローバル・パートナーシップに関する共同声明」の政治面を検討しよう。

第一に、ウクライナにおける民主主義の発展については言及されているものの、ユーシチェンコ・小泉共同声明と比較すればその比重は小さいと思われる。「グローバル・パートナーシップに関する共同声明」の中で、菅首相は「民主主義」という単語を二回用いた。一つは、「選挙監視団の派遣といった形により、ウクライナにおける民主主義のさらなる強化に向けたヤヌコーヴィチ大統領の努力を支援していく意図を再確認」したこと、二つ目は、「民主主義促進および経済発展のための重要な地域枠組みであり、『ＧＵＡＭ＋日本』の枠組みにおいて日本が対話と協力を行っている『民主主義・経済発展のための機構―ＧＵＡＭ』について、ウクライナが果たしている積極的役割を賞賛」したことである。また、声明の冒頭で、両首脳は「民主主義、自由、法の支配および人権といった基本的価値に特に重点を置きつつ」議論や意見交換を行ったとしている。しかしながら、二〇〇五年の声明の「ウクライナの民主化の進展」というセクションに書かれている「民主主義、市場経済および人権尊重といった普遍的価値観がウクライナの将来の発展の鍵になる」というような強い主張がヤヌコーヴィチ政権ではなされていない。

第二に、GUAMと日本との協力については、菅総理大臣が上述の発言をしたのに対して、ヤヌコーヴィチ大統領は観光振興や省エネルギー分野における協力の結果は評価したが、GUAMの民主主義の促進という役割には言及しなかった。ここで指摘すべきは、第四回「GUAM+日本」会合が開催された二〇〇九年二月から「GUAM+日本」外相級会合が行われる二〇一一年一二月までのほぼ三年の間に、投資貿易促進ワークショップ（二〇〇九年二月）、観光振興ワークショップ（二〇〇九年一一月）および防災関係者訪日（二〇一一年三月）といったイベントしか行われていなかったことである。[55] ただ、クリニチ・ウクライナ大使によれば、会合がしばらく行われなかったのはGUAMの組織としての再確認にも理由があり、将来的にはその強化および日本との協力の深まりを期待できるだろうということであった。[56]

非核化、原発事故関連の協力緊密化

第三に、両国間政治対話については、ヤヌコーヴィチ大統領による訪日の際に、前原誠司外務大臣とフリシチェンコ・ウクライナ外務大臣との間で外相会談が行われ、「グローバル・パートナーシップに関する共同声明」においてさらなる協力的な対話の強化が提唱された。その中で、両国外相級の日本・ウクライナ協力委員会、日本経団連ウクライナ部会およびウクライナ対日経済協力調整協議会による日本ウクライナ経済合同会議、日本・ウクライナ科学技術協力委員会、日本・ウクライナ政務協議をはじめとする両国間の対話の枠組みを高く評価し、二〇一一年に両国外相級の日本・ウクライナ協力委員会第三回会合および日本・ウクライナ科学技術協力委員会第二回会合を開催することが決定された。

さらに、投資促進、日本語教育などの二国間協力の中心的拠点であるウクライナ日本センターの活動を評価し、チェルノブイリ事故二五周年国際会議（二〇一一年四月）の重要性を共有した。

最後に、国際問題については、菅総理は「核なき世界」、核不拡散に向けたウクライナによる高濃縮ウランの国外移送を評価し、両首脳は核軍縮・不拡散分野での協力緊密化で一致した。ヤヌコーヴィチ大統領は、二〇一〇年九月に日豪主導により立ち上げられた核軍縮・不拡散に関するイニシアチブを高く評価し、こうした取り組みと協働する用意があることを表明した。また、日本の安保理常任理事国入り、常任・非常任理事国の議席拡大への支持を確認した。

二〇一三年八月、岸田文雄外務大臣はウクライナを公式訪問し、外相レベルでの第三回日・ウクライナ協力委員会が開催され、二〇一一年一月のヤヌコーヴィチ大統領による日本訪問の際に確立されたグローバル・パートナーシップのさらなる発展の状況と展望、並びに日本の総理大臣によるウクライナ訪問の可能性について議論した。また、ウクライナ訪問中の岸田大臣は日本外務大臣として初めてチェルノブイリ原子力発電所を見学した。[57]

国会間の対話では、二〇〇六年、日・ウクライナ友好議連の代表団がウクライナを訪れた。また、横路孝弘衆議院議長が二〇一一年九月四日から九月七日にウクライナを訪問し、日本とウクライナの議会間関係をさらに強化させた。横路議長は、ヤヌコーヴィチ大統領、ヴォロディーミル・リトヴィン最高会議議長と会談し、チェルノブイリ原子力発電所を視察した。

二〇一二年には、東日本大震災から一周年にあたり、三月七日から一一日にかけてリトヴィン最高会議議長が日本を訪問し、野田総理大臣、皇太子殿下（当時。現令和天皇）、国会議員の代表者と会談した。ウクライナ代表団はさらに宮城県と福島県を訪れ、福島第一原子力発電所を視察し、東日本大震災の犠牲者追悼式に参加した[58]。

この訪問を引き継ぐものとして二〇一二年四月、ヴィクトル・バローハ・ウクライナ非常事態大臣が日本を訪問し、「原子力発電所における事故へのその後の対応を推進するための協力に関する日本国政府とウクライナ政府との間の協定」の署名が行われた[59]。これにより二国間の最も重要な協力分野における交流がさらに強化された。

リトヴィン最高会議議長と会談する野田総理。
出典：首相官邸ホームページ
https://www.kantei.go.jp/jp/noda/actions/201203/09ukraina.html

黒海地域を中心とする協働

国際分野での協力では、第一に、「日・黒海地域対話」が、「第二回：激動する世界における日本と黒海地域[60]」（二〇〇七年一一月）、「第三回：変化する黒海地域の展望と日本の役割[61]」（二〇一〇年一月）、「第四回：日・

黒海地域協力の発展に向けて」[62]（二〇一三年二月）と題して、日本外務省および黒海経済協力機構の共催で開催された。ウクライナ側は、二〇〇五年にユーリー・コステンコ大使、二〇〇七年および二〇一〇年にミコラ・クリニチ大使が参加した。第三回のフォーラムにおいて、クリニチ大使が「黒海地域における経済発展の課題への取り組み：ウクライナの立場」という報告を発表した。また、ウクライナのミコラ・メレネウシキー特使が第四回会議の共同議長となった。

第二に、日本と黒海経済協力機構（ＢＳＥＣ）とのイベントでは、二〇一二年にヴィクトル・トヴィルクンＢＳＥＣ事務局長が浜田和幸政務官を表敬訪問し、その際、浜田政務官は「日本は欧州とアジア、中東を結ぶ黒海地域を重視しており、今後もＢＳＥＣとの関係を発展させたい[63]」と述べた。二〇一三年、イスタンブールにおいて日本の防災対策についてのセミナーが開かれた[64]。

第三に、二〇一三年五月、第五回「ＧＵＡＭ＋日本」会合が行われ、双方は、観光、防災、エネルギー安全保障、運輸、並びに国際法の原則に基づく紛争の平和的解決を含む国際場裡における協力など、相互に関心を有するさまざまな問題について意見交換した。また、日本貿易振興機構（ＪＥＴＲＯ）との会合が開催され、ＧＵＡＭ地域においてビジネスセミナーを開催する可能性を考慮することが決定された。

普遍的価値の共有とパートナーシップの確立

「自由と繁栄の弧」の概念の下で麻生外務大臣によって提案された「価値の外交」は、日ウ関係における重要な民主的基盤を確立させた。その理念の導入により、ウクライナが普遍的な価値を共有していること、東欧における日本の重要なパートナーであるという立場が確認された。安倍政権は二〇一三年に採択された「国家安全保障戦略」において普遍的価値を国家安全保障の基本理念として確認し、自由、民主主義、基本的人権の尊重、法の支配といった普遍的価値やルールに基づく国際秩序を維持・擁護することを日本の国益としている。このため、ウクライナの民主的プロセスへの支援は、二〇一三年に安倍政権が発表した「積極的な平和主義」を推進している日本のグローバルパワーのステータスの再確認にとって極めて重要であると考えられる。

第4節　ロシアによるクリミア占領および日ウ関係の活発化（2014年 - 現在）

日本とウクライナとの関係における次の時期は、ロシアによるクリミアの一時占領が始まった二〇一四年から現在までである。この時期において日本がウクライナの領土一体性および主権を支持したことから、安全保障および防衛を含めて、全分野における協力関係が活発化するに至った。

ユーロマイダン—尊厳の革命

まず、当時のウクライナの事情を見てみよう。二〇一三年一一月二一日に、日本でユーロマイダンとして知られる「尊厳の革命」が始まった。発端はミコラ・アザーロウ首相がＥＵとの連合協定締結の署名を拒否したことにあったが、実際はもっと深刻な背景があった。それはヤヌコーヴィチ政権の無責任さと独裁主義、闇の経済、汚職と収賄の増加、ロシア寄りの外交政策、ＥＵ統合への拒否、警察による暴虐行為、検閲の開始、市民に対する自由の抑制、反対勢力への抑圧など数々の悪政に対する国民の抗議であった。

キーウで学生運動として始まった抗議行動は全ウクライナに拡大し、抗議者はアザーロウ首相の退陣と早期の議会選挙を求めた。一一月二九日および三〇日、当局が特殊部隊を使って夜間にデモ隊の強制排除を試みた結果、通常の平和的な抗議行動は、一転して大規模革命へと発展した。ウクライナ全土での流血を伴う強制排除の後、無数の大規模集会が開催され、一二月八日には「数百万人の行進」が行われ、独立広場にはウクライナ各地から一〇〇万人に及ぶ愛国者が集まった。

二〇一四年一月一六日、ウクライナ国会与党は「反デモ法」を採択した。この法律は国民の権利を制限し、議員や大統領に、より大きな権限を与えるものであった。このため衝突が続き、参加者約二〇〇名が負傷した。一月二八日、反政府側の初の勝利がもたらされた。ウクライナ国会は「反デモ法」を廃止し、首相の辞任と内閣総辞職が行われた。しかし二月一八日から一九日にかけてキーウ中心部では武力衝突が発生し、多くのユーロマイダン参加者が殺害され、犠牲者は英雄として「天の一〇〇人」と呼ばれた。二月二〇日、ロシア部隊によるクリミアへの侵攻が開始され、二月二一日の深夜、ヴィクトル・ヤヌコーヴィチ大統領はロシアに逃亡した。二月二二日、三二八名の国会議員はヴィクトル・ヤヌコーヴィチの大統領職解任を採択した。[65]

尊厳の革命の結果、一月一六日に採択された「反テロ法」により脅かされた市民の自由の回復、国家を改革する機会の回復、欧州統合への動きの回復に繋がり、ウクライナが独自のアイデンティティ、歴史、尊厳を持つ国家であることを世界に示しただけでなく、ウクライナ国民の自信、愛国心、団結心の向上にも繋がった。また、尊厳の革命はウクライナ人の自己統制、相互支援、自己犠牲の精神の発露を促し、地域、人種、言語の違いにかかわらず、自由、人間の尊厳、自己の運命を決定する権利が重要であることを示した。

また、尊厳の革命の結果として重要なことは、ウクライナの欧州統合の動きと国内改革であった。二〇一四年にEUとの連合協定が締結され、二〇一七年にウクライナ人のEUビザが免除された。

キーウでユーロマイダンに参加して殺害された「天の100人」の一人であるセルヒー・ニゴヤン氏の顔をモチーフとした壁画。photo：ウクルインフォルム通信提供

ロシアのクリミア占領と日本によるウクライナ支持

その一方で、ウクライナのユーロマイダンは、ロシアによるクリミア半島の一時占領やウクライナ東部の隠密な軍事行動の誘発に繋がった。

日本はウクライナの信頼できる友好国および戦略的パートナーとして、ウクライナの主権と領土の一体性を支持し、ロシアによるクリミア半島の一時占領を認めず、ロシアに対して制裁を発動した。二〇一四年三月一八日、岸田外務大臣は、ウクライナ・クリミア自治共和国における住民投票はウクライナ憲法に違反し、法的効力はなく、日本はその結果を承認しないという日本政府の立場を発表した。[66] また、安倍晋三首相は一九日午前の参院予算委員会で、ロシアによるウクライナ南部クリミアの編入宣言について「ウクライナの統一性、主権および領土の一体性を侵害するものであり非難する」と表明した。[67] それに加え、日本政府は、二〇一五年の防衛白書において、ロシアのウクライナに対する「ハイブリッド戦」が国際社会の課題となっていることを認めた。[68]

慶應義塾大学の廣瀬陽子教授は、「ユーロマイダン革命は、それまでの汚職にまみれた政府に対する不満の爆発だったと言って良い」と述べている。それと同時に、直接のきっかけとして、二〇一三年一一月二八日にヤヌコーヴィチ前大統領がＥＵとの連合協定の締結を見送ったことを指摘し、「ユーロマイダン危機はそのようなウクライナの地政学的状況によって生まれたもの[69]」だとしている。

ロシアによるクリミアへの侵略に関して、日本国際フォーラムの伊藤憲一理事長は、一九二八年にパリで締結された不戦条約に違反していると指摘した。また、それをサッダーム・フセインによるクウェート侵攻の失敗（一九九〇年）およびアドルフ・ヒトラーによるチェコのズデーテン地方併合の成功（一九三八年）と比較しながら、ウラジーミ

ロシアのクリミア侵攻に抗議する人々。2014年3月2日、キーウの独立広場。Photo:"Protest against Russia invading 02-03-14.jpg" by ВО Свобода

ル・プーチン・ロシア大統領は彼らの経験から教訓を学ばなければならないと述べた。さらに、日本は消極的平和主義から積極的平和主義へと移行し、「世界全体の平和なくして、日本の平和なし」と説く「世界平和主義」の旗を掲げなければならないと提言している。[70]

北岡伸一JICA理事長（二〇二二年三月退任）も積極的平和主義のコンセプトを推進し、「消極的平和主義とは、日本が非武装であればあるほど、世界は平和になるという考えである。一九四六年の憲法制定当時、連合国の大半はそう考えていたのだろう。しかし、日本は今や世界の中でも信頼を獲得している大国の一つである。世界平和の実現のために積極的に貢献することを期待されている」[71]と説明している。

また、袴田茂樹新潟県立大学名誉教授は、「日本とウクライナはロシアに対して共通の問題を抱えているという意味で決して遠い国ではない」として、北方領土問題とクリミア問題は、「日本の観点からすれば、ロシアに主権を侵害されているという共通点があるのです。その意味では、G7の他のどの国よりも、日本には主体的にロシアを批判する権利も、そして義務もあると言えるでしょう。[72]」と述べている。

日本・ウクライナ友好議員連盟会長の森英介氏も、日本とウクライナの共通点の一つとして、隣国にやっかいな大国を持つことを指摘し、プーチン大統領の独善的な野望を阻止しなければならないと主張している。[73]

日本の対ロシア制裁

日本がロシアに対して導入した制裁を見てみると、二〇一四年三月一八日、査証の簡素化に関する協議を停止し、新投資協定、宇宙協定および危険な軍事活動の防止に関する協定という新たな国際協定の締結交渉開始を凍結した。次いで四月二九日、ウクライナの主権と領土の一体性の侵害に関与したと判断される計二三名に対し、日本への入国査証の発給を当分の間停止することを決定した。さらに、八月五日から一二月九日にかけて、日本は合わせて六六個人および一六団体に対し資産凍結を決めた。それと並行して九月二四日、ロシアに対する武器等の輸出制限を厳格化し、ロシアの特定銀行による証券の発行等を禁止した。[74] アジアにおいて、日本はこうした対露制裁を導入した唯一の国となった。

ウクライナ危機における日露関係では、安倍政権が平和条約の署名および北方領土問題の解決を目的としてロシアとの接近を続けてきたことを背景に、ロシアに対する制裁の先行きに不安感もあったが、角茂樹駐ウクライナ大使（任期二〇一四―二〇一八）は、クリミア問題やドンバス問題と北方領土の返還交渉は分けられるべきであるという見解を示した。同大使は、「力による現状変更は認められないという観点で、ロシアのクリミア『併合』は違法な状況が続く限り、日本はこの制裁を継続[75]」すると述べている。日本の外交は力による現状の変更を認めないことを原則としており、東シナ海の尖閣諸島問題を抱えている日本にとっても、クリミアにおいて力による現状変更をさせないことは極めて重要である。また、倉井高志大使（任期二〇一八―二〇二二）は、領土問題の解決について、基本的な立場の一貫性と国際社会の連帯の維持が大事であるとの見解を表した。[76] この分野でのウクライナと日本のさらなる協力は、ロシア占領下にあるクリミアのウクライナへの返還を達成する上で重要な要素であると言えよう。

日本のウクライナ支援策と政治対話の活発化

日本は、ウクライナへのサポートの一環として、「ウクライナの領土一体性」に関する国際連合総会決議（二〇一四年）、および「クリミア自治共和国とセヴァストーポリ市（ウクライナ）における人権状況」に関する決議（二〇一六―二〇二一年）を支持した。吉川元偉国連大使（当時）はウクライナ情勢に関する二〇一四年の決議についての演説で、「これは、ウクライナやヨーロッパだけでの問題ではない。武力を利用して現状を変えようとする試みは、国際社会全体にとって深刻な課題である。世界のどの国も、そのような手段によって現状を変えようとする他の国による試みを見逃してはならない[77]」と述べた。さらに二〇一八年一一月二五日、ロシア連邦保安局の監視船がウクライナ海軍の小型艦など三隻に発砲し、拿捕した事件を受け、国連総会によって採択された「クリミア自治共和国とセヴァストーポリ市（ウクライナ）、黒海・アゾフ海の一部の軍事化問題」という決議（二〇一八年、二〇一九年および二〇二一年）に賛成票を投じた。

上記を背景に、日ウ政治対話が活発化した。二〇一四年七月、岸田外務大臣は、キーウで行われた日・ウクライナ外相会談において、日本はウクライナの安定を確保し、ウクライナの経済状況の改善のため、世銀との協調による一億ドルの開発政策借款に係る交換公文への署名を含む、一五億ドルの経済支援の着実な実施およびウクライナのニーズをさらに発掘するための経済ミッション派遣を表明した。これに対し、パウロ・クリムキン

2014年7月、キーウでの日ウ外相会談。
photo:外務省提供

外相からは、ウクライナ政府が進めている改革やウクライナ東部の状況等について説明するとともに、日本の支援策に対して謝意表明があった。岸田大臣は国際社会の平和と安定に貢献する日本の積極的平和主義について説明し、また東アジアの情勢についても説明を行った。[78]

二〇一五年三月、クリムキン外相は初めてのアジア訪問で日本を初訪問し、安倍総理、岸田外務大臣、宮沢経済産業大臣をはじめ、経団連、ＪＩＣＡ等の関係者との会談を行った。在ウクライナ日本大使館によれば、クリムキン大臣は、「今回の訪問は日本政府および国民に対し、ウクライナ政府の感謝の意を直接伝えることができ、また、現在東部で起きていることに関するウクライナ政府の立場を直接訴えることができたという意味において極めて有意義であった」と述べた。[79]

安倍総理のウクライナ訪問

二〇一五年六月、安倍総理大臣は日本の首相として初めてウクライナを訪問した。ウクライナ状況について安倍総理は、日本は力による現状変更を決して認めず、一貫してウクライナの主権、領土一体性を尊重する形で情勢の改善に取り組んでいることを述べ、ミンスク合意[80]の実行の大切さを強調するとともに、Ｇ７次期議長国として、本問題の平和的・外交的解決に向けて一層積極的に関与してき

ウクライナを訪問し閲兵式に臨む安倍首相。
出典：首相官邸ホームページhttps://warp.ndl.go.jp/info:ndljp/pid/10992693/www.kantei.go.jp/jp/97_abe/actions/201506/06ukraine.html

たいと表明した。

また、ウクライナの改革努力を後押しするため、日本はウクライナの民主主義の強化、国内改革の促進、国内避難民への支援、インフラの改善、産業施設の近代化などを目的とした約一八・四億ドルの支援を表明し、一一〇〇億円の大規模なボルトニッチ下水処理場改修計画の署名を歓迎した。日本によるウクライナへの政治的、経済的かつ人道的支援は「極めて効果的」として評価されている。

経済関係では、安倍総理は二〇一五年二月の投資協定の署名を歓迎し、日本とウクライナとの国際的な場における協力の進化のため、ウクライナのＡＳＥＭ（アジア欧州会合）加盟を日本としても支援したいと述べた。

さらに、安倍総理はアルセニー・ヤツェニューク首相およびヴォロディーミル・フロイスマン最高会議議長との会談を行ったほか、無名戦士記念碑への献花、大飢饉犠牲者記念碑へのお供え、「マイダン」慰霊碑への献花、閲兵式への出席を行った。[81]

マイダン慰霊碑への献花。出典：首相官邸ホームページ
https://warp.ndl.go.jp/info:ndljp/pid/10992693/www.kantei.go.jp/jp/97_abe/actions/201506/06ukraine.html

ポロシェンコ大統領の訪日

ウクライナ側からは、二〇一六年四月、ペトロ・ポロシェンコ大統領が日本を訪問した。首脳会談にお

いて安倍総理大臣は、日本はこれまでウクライナ情勢の平和的解決に尽力してきており、来月のＧ７伊勢志摩サミットでは、議長国としてウクライナ情勢についてＧ７の議論をしっかりとリードしていくと表明した。さらに、三月の世界銀行との三億ドルの協調融資の実現を歓迎するとともに、一月に決定した約一五億円の支援を通じて、ウクライナ東部の国民の生活状況の改善等に貢献していきたいと述べた。経済協力については、四月の日本貿易保険による三〇〇億円の短期貿易保険引受枠の再設定や一月のキーウへの日本人金融専門家の派遣等を通じて、引き続きウクライナの経済状況の回復を支援していくことを伝え、これに対してポロシェンコ大統領は日本の支援に謝意を表明した。

国際政治に関して安倍総理は、日本の常任理事国入りへのウクライナの支持に感謝を示すとともに、ウクライナとともに国連安保理非常任理事国に就任したことは喜ばしい、安保理をはじめ国際場裏での連携を強化したいと述べ、北朝鮮の一連の挑発行動に対し、国際社会が断固とした対応をとることが極めて重要であることを強調した。

さらに安倍総理は、チェルノブイリ原発の使用済み燃料の中間貯蔵施設建設の重要性に言及しつつ、日本は新たに約三五〇万ユーロの追加拠出を決定したことを伝えた。

ポロシェンコ大統領の日本訪問において、政治、経済、原子力安全のほか、人的交流のさらなる発展も重視された。安倍総理は、本年六月一日からの外交査証免除の相互運用開始の決定を大きな成果とし、今年度も約一〇〇名のウクライナ関係者を研修のために日本に招聘する予定であると述べた。ポロシェンコ大統領からは、外交関係二五周年を機に二〇一七年を「ウクライナにおける日本年」と位置づけたいとの発表があった。[82]

　上記の日・ウクライナ首脳会談は友好的な雰囲気で順調に行われ、二国間関係のさらなる発展の基盤になったが、クチマ、ユーシチェンコおよびヤヌコーヴィチ前大統領らによる日本訪問とは違い、共同声明は発表されなかった。

　ポロシェンコ大統領はさらに、大島理森衆議院議長、山崎正昭参議院議長、森英介日・ウクライナ友好議員連盟会長と会見を行い、天皇陛下（現・明仁上皇）に拝謁した。天皇陛下が、東日本大震災の際にウクライナから受けた防護マスクや毛布などの支援に対し感謝の気持ちを伝えると、大統領は「ウクライナの国民は震災直後の日本の人たちの強さ、賢さに強い印象を受けました[83]」と答えた。また、天皇陛下はチェルノブイリ原発事故後の状況をたずね、ポロシェンコ大統領は周辺で立ち入り禁止が続いていること、日本を含む各国の支援で発電所を覆う新シェルターを建造していることなどを説明した。その席でウクライナ大統領は天皇陛下をウクライナへ招待した。[84]

日ウ首脳会談での安倍首相とポロシェンコ大統領。
出典：首相官邸ホームページhttps://warp.ndl.go.jp/info:ndljp/pid/10992693/www.kantei.go.jp/jp/97_abe/actions/201604/06ukraine.html

　特筆すべきは、二〇一六年のプーチン・ロシア大統領の訪日の際、日本の天皇陛下との会見は実行されなかったことである。[85]日露関係の歴史を辿ると、一九九三年[86]、二〇〇〇年[87]および二〇〇五年[88]のロシア大統領の日本訪問の際には天皇陛下による歓迎行事や会見が行われていたが、二〇一六年にはその伝統が引き継がれておらず、これはロシアによるクリミア半島の占領に関係しているのではないかという意見もある。

二国間安保協議

安倍総理によるウクライナ訪問、そしてポロシェンコ大統領による日本訪問の際に達成された合意に基づき、日本は二〇一六年五月に行われたＧ７伊勢志摩サミットにおいてウクライナの状況に関する討議をリードした。その結果、Ｇ７首脳宣言において、ロシアのクリミア併合を非難し、ミンスク合意の完全な履行を強く支持し、ウクライナの改革を支持する旨が取り入れられた[89]。また、日本は国連安保理の非常任理事国（二〇一六―二〇一七年）としてもウクライナを支援した。

その他の国際協力に関しては、二〇一五年七月に第六回「ＧＵＡＭ＋日本」会合が開催され、共同プレス・ステートメントには、「ＧＵＡＭ＋日本」協力プログラムの準備作業を完了したことが記載されている[90]。このプログラムは二〇一一年の第三回「ＧＵＡＭ＋日本」外相級会合の開催に合わせて採択の合意がなされ、「日・ＧＵＡＭ間の実務的協力のためのプログラムおよびプロジェクトの策定および実施、日・ＧＵＡＭ間で相互に利益があり、協力が可能な分野における協力および既存の日・ＧＵＡＭの枠組みの発展を目的とした対話の継続」

第6回「GUAM＋日本」外相級会合（2018年9月）
photo：外務省提供

だけでなく、「国連憲章および一般的に認められた国際法の諸原則および規範、特に国家の主権および領土の一体性に係るものに基づいて、国際平和および安全保障を維持するための国際関係・地域関係の諸課題に関する幅広い協議」[91]を将来的な主要協力目標とした。このように安全保障がより重視されるようになった。二〇一五年以降、GUAMと日本との協力は外相級会合によって維持されており（二〇一五—二〇一九年）、重要な協力メカニズムとなっている。

ロシアのクリミア占領以降、日ウ関係が活発化し、新たな分野における協力が開始された。二〇一八年一〇月、二国間関係において初めて外務省・防衛省関係者による安保協議が行われ、ウクライナ国防省と日本国防衛省との間で、防衛協力・交流に関する覚書が署名された[92]。こうした出来事は二国間の安全保障上の課題の共有、および国際関係安定化の重要性の理解を共有している証拠となった。

ゼレンスキー大統領の訪日外交

首脳レベルでの最新の動きとして、ヴォロディーミル・ゼレンスキー大統領による日本訪問に触れたいと思う。ゼレンスキー大統領はもともと政治家としての経験がないコメディアンであったが、二〇一九年四月三〇日のウクライナ大統領選で大差をつけて勝利した。以前の大統領選挙で立候補者が掲げた国家の外交政策によって国民が分裂したこともあったが、ゼレンスキー氏は国民の安全、法の支配、経済発展、国家安全の強化、汚職の排除、医療制度および教育制度の改善、公的サービスの電子化に基づいた「便利な国家作り」に焦点を置き、ウクライナ人を団結させることに成功した。

五月二〇日に行われた就任演説の中で、ゼレンスキー大統領はドンバス州における停戦、クリミアとドンバス州というウクライナが失った領土の奪還およびウクライナの国内改革を最重要課題として掲げた。また、他国の強みを指摘しながら、「我々はサッカーではアイスランド人に、母国防衛ではイスラエル人に、テクノロジーでは日本人にならなくてはならない」、「みんなが違いを越えて幸せに暮らすためには、スイス人になる必要がある」[93]と発言した。七月二一日にウクライナ議会選が行われ、ゼレンスキー大統領の新党「国民の僕《しもべ》」が四割超を得票し、議会による大統領の政策への支持が確保された。

ゼレンスキー大統領就任式への参列のため、遠山清彦衆議院議員（日本・ウクライナ友好議員連盟副会長）が安倍晋三総理大臣の特使としてウクライナを訪問した。日本外務省は、「遠山総理特使の派遣は、ゼレンスキー大統領の就任に祝意を示すとともに、ウクライナとの良好な友好協力関係を維持・発展させることを目的としている[94]」と発表した。

日本の新天皇の「即位礼正殿の儀」への参列を目的として、ゼレンスキー大統領は二〇一九年一〇月に日本を初めて訪問した。ウクライナ大統領の日本訪問は、二〇一六年四月のポロシェンコ大統領以来三年半ぶりだった。訪日中の一〇月二一日、安倍総理大臣と会談し、ウクライナの主権と領土一体性の支持、ドンバス州の状況と平和成立への取り組みについて説明を行った。特筆すべきことは、この会談には北村滋国家安全保障局長も参加してお

2019年、訪日中のゼレンスキー大統領と安倍首相の会談。
出典：首相官邸ホームページhttps://warp.ndl.go.jp/info:ndljp/pid/11547454/www.kantei.go.jp/jp/98_abe/actions/201910/21kaidan_02.html

り、日本によるウクライナの安全状況への深い関心が示されている。ゼレンスキー大統領はボルトニッチ下水場を含めたウクライナのインフラの改善への協力に感謝した上、ウクライナ人に対する短期ビザ免除を要請し、安倍総理をウクライナへ招聘した。安倍総理からは、ウクライナにIT分野の調査団を派遣予定であることが伝達され[95]、ITに関わる二国間協力の基盤が整った。

このほか、ゼレンスキー大統領は日本ウクライナ友好議員連盟、国際協力機構（JICA）や新経済連盟（JANE）の幹部、ビジネス界代表者と会談した。まず、日本ウクライナ友好議員連盟との朝食会では、ウクライナ政府が焦点を置いている経済とインフラ発展、および投資協力のほか、福島原発事故へのその後の対応に関する協力の継続の意志を確認し、放射性廃棄物処理のための新技術の開発と導入を見通しのある協力分野とした。

また、国際協力機構の北岡伸一理事長との会談では、二〇一二年に完了したボリスポリ空港の新しいターミナルの建設、進行中のボルトニッチ下水処理場の改修への協力に感謝し、南部ミコライウ市の新しい橋の建設、ごみ処理に関する実行可能なプロジェクトを含む将来の協力に対して関心を示した。

最後に、ウクライナから穀物および乳製品を輸入し、ウクライナに対してソーラーパネルを提供している丸紅株式会社に対し、ウクライナにおけるごみ処理場と道路の建設のプロジェクトへの参加を提案した[96]。

日本訪問中のゼレンスキー大統領が北岡JICA理事長と会談、2019年。
photo：在日ウクライナ大使館提供

一〇月二二日、ゼレンスキー大統領夫妻の「即位礼正殿の儀」への参列は、ウクライナが大統領という最も高いレベルでの出席によって日本に対する深い敬意を示すこととなり、二国間の友好関係をさらに深化させた。

ゼレンスキー大統領訪問にあわせて、茂木敏充外務大臣は、訪日中のヴァディム・プリスタイコ・ウクライナ外務大臣による日・ウクライナ外相会談を行い、日本によるウクライナへのサポート、安全保障と貿易・投資分野の両面で協力の深化への方針を確認した。[97]

クリミア問題後の国会間対話

国会間対話については、二〇一五年九月、森英介会長率いる日・ウクライナ友好議連盟代表団がウクライナを訪問した。同代表団は、ヤツェニューク首相およびフロイスマン最高会議議長との会談、ウクライナ対日友好議連および現地日系企業からなる日本商工会との意見交換を行ったほか、チェルノブイリ原子力発電所、キーウ市ボルトニッチ下水処理場およびウクライナ・日本センターを視察した。二〇一六年八月、高木委員長を代表とした衆議院経済産業委員会代表団、また二〇一九年九月、森英介議員を団長とした衆議院欧州各国憲法および国民投票制度調査議員団がキーウを訪れた。[98]

日・ウクライナ友好議連連盟代表団によるウクライナ訪問、2015年。photo：ウクルインフォルム通信提供

ウクライナ側は、二〇一五年四月、スヴィトラーナ・ザリシチューク最高会議議員を代表としたウクライナ最高会議議員団が日本を訪れた。その訪問は、岸田外相のウクライナ訪問の際に発表された、民主主義の回復に向けたウクライナ支援プログラムの実施のために日本国際協力機構が主催したものである。[99]二〇一六年二月、ハンナ・ホプコー・ウクライナ最高会議外務委員長は日本を訪問し、ウクライナの状況、日本の国連安保理理事国入りに対するウクライナの支援、福島・チョルノーブリに関する協力をテーマとして、佐藤正久参議院外交防衛委員長、岸信夫衆議院外務委員長および内堀雅雄福島県知事との会談が行われた。[100]

二〇一七年二月から三月にかけて日本を訪問したアンドリー・パルビー・ウクライナ最高会議議長は、日本の議員、日本国際協力機構関係者および若宮健嗣防衛副大臣と面談し、経済・防衛協力に焦点を置いた。また、二〇一七年六月に日本を訪れたレオニード・イェメッツ・ウクライナ・日本友好議員連盟会長は、ウクライナに帰国後、対ウクライナ人ビザの免除について交渉したと発表した。[101]このように、議員間の接触が拡大し、幅広い分野において協力が進められるようになった。

民主主義価値観に基づく二国間関係発展の加速化

ユーロマイダン革命後、二国間関係が急速に発展するようになり、日本の総理大臣が初めてウクライナを訪問し、安全保障分野における協力が開始された。二〇一七年からのウクライナ外交官に対するビザ免除、および二〇一八年からのウクライナ国民に対するビザ申請手続きの簡素化が実行され、人的交流のさらなる促進のための協力が進められている。ウクライナに対する日本の援助も倍増し、民主主義と市場経済の定着、国内改革、国内避難民へのサポートおよびインフラ改善に大きな役割を果たしている。また、二〇一九年のゼレンスキー大統領による「即位礼正殿の儀」への参列の重要性も強調すべきであろう。

二〇二〇年は、全世界が激動した年だった。新型コロナウイルス感染症の拡大により多数の死者が出たため、各国の政府が厳しい制限の導入を余儀なくされた。人間のライフスタイルが変わり、経済状況が悪化し、人的交流が難しくなった。そういった状況のなかで、日本政府がウクライナを含む二〇か国に対して、臨床研究拡大を目的に、新型コロナウイルスへの治療効果が期待されている新型インフルエンザ治療薬を無償供与してくれたことは、ウクライナを支援してくれるパートナーとしての存在を改めて認識させた[102]。

パンデミックに伴う困難な国際環境にもかかわらず、二〇二〇年以降、ウクライナ外交は大きく進展した。二〇二〇年四月にドミトロ・クレーバ外務大臣は、新たな外交戦略を発表し、欧州への統合という戦略的な方向を進めながら、ウクライナ外交におけるアジア・ベクトルを発展させる方針を明らかにした[103]。同年九月には民主主義価値観をベースにした国家安全保障戦略が採択された[104]。

ヨーロッパに関しては、ウクライナのＥＵへの統合を支援することを目的とした、リトアニア、ポーランド、ウクライナ三国からなる政治的、経済的、文化的、社会的協力のためのプラットフォーム「ルブリン・トライアングル」を創設（二〇二〇年七月）、およびウクライナ、ジョージア、モルドバからなるフォーマット「連合トリオ」（二〇二一年五月）を成立させた。

また、日本については、二〇二〇年一〇月に着任したセルギー・コルスンスキー駐日ウクライナ全権特命大使は、前記のコンセプトに基づいて、日本との関係のさらなる発展を目的とした積極的な活動を開始した。二〇二〇年一一月一九日に行われた信任状の捧呈式では徳仁天皇陛下に謁見したほか、同年一〇月から翌二〇二一年一月にかけて秋葉剛男外務次官、信谷和重日本貿易振興機構副理事長、北岡伸一国際協力機構理事長、大澤誠農林水産審議官、赤羽一嘉国土交通大臣、岸信夫防衛大臣、宇都外務副大臣（二〇二一年六月）などの要人と面談した。宇都外務副大臣への表敬の際、コルスンスキー大使は日本の支援に感謝しながら、日本との協力を引き続き深めていきたい[105]と述べた。こうした会談の中で特に重要な課題として、日ウ自由貿易協定の締結、ウクライナへの日本投資の増加、ウクライナ国民に対するビザの免除、安全保障協力の強化などが取り上げられた。

秋葉外務次官に信任状の写しを提出するコルスンスキー大使。2020年。photo：在日ウクライナ大使館提供

二〇二一年八月にゼレンスキー大統領はウクライナの国家外交戦略を発表し、日本を「アジア地域の安定した政治的同盟国」と位置づけ、日本との関係をグローバルなパートナーシップとして再定義した。その戦略によると、ウクライナと日本との協力の優先分野は、ロシアの侵略に対する対抗、ハイブリッド脅威への取り組み、気候変動の悪影響の防止、経済の脱炭素化の促進、貿易・投資協力の発展、技術支援のプロジェクトの実現となっている。[106]これらの分野での協力を通じて日本とウクライナとの戦略的なパートナーシップが実現できれば、二国間関係の新たな時期が幕を開けるだろう。

第3章

安全保障・防衛協力

前頁扉写真
日・ウクライナ防衛協力・交流覚書への署名式。2018年10月、東京。
photo：在日ウクライナ大使館提供

第1節　サイバーセキュリティ

日ウクライナ・サイバー協議

ウクライナと日本との安全保障対話は、サイバーセキュリティ分野での協力から始まった。二〇一六年一二月、キーウにおいて初めて、日ウクライナ・サイバー協議が開催された。日本からは、水嶋光一外務省総合外交政策局審議官兼サイバー政策担当大使をはじめとする関係省庁の代表者が、ウクライナからはセルヒー・シュテンコ外務省国際安全保障局長をはじめとする関係省庁の代表者が出席し、サイバー分野における両国の基本的な戦略や制度を紹介しつつ、具体的な取り組み等について意見交換を行った。[1]

また、二〇二〇年一月、ウクライナからセルヒー・デメディュック国家安全保障・国防会議副書記をはじめとする関係省庁の代表者が来日し、東京において第二回日ウクライナ・サイバー協議が行われた。日本側より赤堀毅外務省総合外交政策局参事官兼サイバー政策担当大使をはじめとする関係省庁の代表者が出席した。[2]

日本では、サイバー攻撃の総数が二〇一三年から二〇一六年のわずか三年間で約一〇倍になった。[3] また、二〇一六年以降も日本においてサイバー攻撃が継続され、たとえば、二〇一七年に発信元の特定が困難な「ダークウェブ」と呼ばれるインターネット上のサイトで、日本のクレジットカード会社の利用者約一〇万人分の個人情報が売買されていることが海外のセキュリティ会社の調査で分かった。[4] また、二〇一八年に暗号資産（仮想通貨）交換業者のコインチェック社がハッキングされて、約五八〇億円分の暗号資産ＮＥＭ（ネム）が流出したという事件が起きた。[5]

両国のサイバー攻撃被害と今後の協力への期待

日本の防衛省・自衛隊は、自らの情報システム・ネットワークに対するサイバー攻撃に対処するため、二〇一四年三月、自衛隊指揮通信システム隊の隷下に共同の部隊としてサイバー防衛隊を新編し、情報通信ネットワークの監視およびサイバー攻撃への対処を二四時間態勢で実施している。また、各自衛隊においても、陸上自衛隊システム防護隊、海上自衛隊保全監査隊、航空自衛隊システム監査隊の各システム防護部隊がそれぞれの情報システムを監視・防護するようになった。二〇一四年一一月にサイバーセキュリティ基本法が成立し、二〇一五年九月にサイバーセキュリティ戦略が採択され、内閣にサイバーセキュリティ戦略本部が設置された。

国際連携を強化するため日本は二〇一二年から英国とインド、二〇一三年から米国、二〇一四年からフランス、エストニアとイスラエル、二〇一五年からロシアとオーストラリア、二〇一六年からウクライナ、ドイツ、韓国とサイバー協議を開催している。[6]

ウクライナでは電力システムを狙ったサイバー攻撃によって大規模停電が二〇一五年と二〇一六年に連

続して発生している。また、二〇一七年にウクライナは大規模なランサムウェア攻撃を受け、ウクライナ政府機関、中央銀行を含む金融機関、空港、チェルノブイリ原発も被害を受けた。[7] 二〇一七年にウクライナ情報安全保障ドクトリンが採択され、二〇一八年にサイバーセキュリティ基本法が発効した。二〇一九年にウクライナ・デジタルトランスフォメーション省が設立され、ウクライナ政府は積極的に行政機関のプロセスや政府サービスを完全に電子化する「スマホの中の国家」戦略の実現に力を入れるようになった。世界知的所有権機関が発表しているグローバル・イノベーション・インデックス2020年によれば、ウクライナは低中所得グループでベトナムに次いで二位で、世界四五位（日本は世界一六位）となった。[8]

日本政府は科学技術の振興を基盤とした「Society 5.0」のような政策の促進にあたってサイバーセキュリティの対策強化を打ち出しており、この分野においてもウクライナとの協力が期待される。

第2節　安全保障対話

安全保障対話の開始

二国間の安全保障対話は二〇一七年に開始された。アンドリー・パルビー・ウクライナ最高会議議長が二月二六日から三月二日まで、外務省の閣僚級招聘により訪日し、安倍総理大臣、岸信夫外務副大臣、国会議員等と会談を行った。安倍総理大臣との会談の席上、ミンスク合意の完全履行およびウクライナの改革の重要性が確認され、ウクライナ側は国際社会において多くの安全保障上の脅威がある中で、日本が進める安全保障面の貢献への取り組みに賛意を示した。さらに、東アジア情勢や国際場裡における協力についても意見交換し、両国間で今後一層連携を強化していくことで一致した。[9] また、パルビー議長は横須賀基地海上自衛隊を訪問、護衛艦「てるづき」を視察し、山下万喜第四九代自衛艦隊司令官との会談の中で、日本自衛隊およびウクライナ軍との協力について討議するとともに、クリミアと北方領土の共通点に言及した。[10] 宇都隆史参議院外交防衛委員会委員長との会談では、共同軍事演習の開催を提案した。[11]

二〇一七年八月、真部朗防衛省防衛審議官がキーウを訪れ、イヴァン・ルスナク・ウクライナ外務次官と会談し、ウクライナ・日本間の防衛分野における関係の継続が重要であることを指摘した。双方は防衛政策、地域の軍事政治情勢、その他の防衛関連の問題について意見交換を行い、防衛当局間の交流を継続し、ウクライナ・日本間の防衛分野における関係の継続が重要であることで合意した。[12]

その合意の実務的な実行として、二〇一八年一〇月に東京で第一回日本・ウクライナ安保協議が開催された。日本からは宇山外務省欧州局参事官、鈴木防衛省防衛政策局次長が、ウクライナからはヴァシーリ・ボドナル外務次官、アナトーリー・ペトレンコ国防次官他が出席した。双方は、両国の安全保障・防衛政策、地域情勢、二国間協力等について幅広い意見交換

第1回日本ウクライナ安保協議の際にウクライナ代表団が真部朗防衛省防衛審議官と会談した。2018年10月。
photo:在日ウクライナ大使館提供

を行い、ウクライナ国防省と日本国防衛省は、防衛協力・交流に関する覚書に署名した。[13]

領土・防衛問題の共通課題

ウクライナと日本が順調にこの覚書締結に至ったことにはいくつかの理由と背景がある。

第一に、両国は自由、民主主義、基本的人権、法の支配、市場経済という普遍的な価値を共有しているのみならず、共通の課題に直面している。特にロシアによる占領の問題は重大であり、日本の場合は、北方領土（択捉島、国後島、色丹島および歯舞群島）の返還が外交上の重要な目標になっている。ウクライナに関しては、二〇一四年にクリミア半島がロシアによって占領され、ロシア軍がウクライナの東部に侵攻した。ウクライナ政府は二〇二一年にクリミア半島返還をめざす国際的な枠組みである「クリミア・プラットフォーム」を成立させ、「クリミアの脱占領と再統合に向けた新国家戦略」を提唱し、外交的かつ平和的手段によってこの問題を解決するために努力していた。その中でウクライナと日本は国際法の遵守を強調し、武力による現状変更を認めないという立場を共有している。

ロシアによる占領は、軍事化および現地住民の強制退去に繋がってくる。ウクライナ通信社ウクルインフォルムによると、ロシアはクリミアで軍事存在を拡大し、戦車、装甲車両、砲兵、防空ミサイルシステム、飛行機、ヘリコプター、艦艇の数と兵士の人数を増加した。また、長距離地対

ロシア占領下のクリミア半島南西部の町セヴァストポリ。

空ミサイルシステム、対ミサイルシステム「バル」および「バスチオン」を配備し、核兵器も持ち込んだ可能性があるとの報道もある。[14] 日本に関しては、ロシアが国後島に射程一三〇キロの「バル」、択捉島に同最大三〇〇キロの地対艦ミサイル「バスチオン」を配備し、[15] 超長距離地対空ミサイルシステムも取り入れた[16]ことが明らかになっている。さらに、毎日新聞はロシア軍が二〇一八年に実施し、中国軍が参加したVostok-2018演習の際、北方領土で演習を行わなかったのは日本の要請を受けたからだと報道した。

強制退去に関しては、一九四四年にクリミアに在住していた、ウクライナのクリミア半島の先住民であるほぼすべてのクリミア・タタール人二三万八五〇〇人が第二次世界大戦中にソビエト連邦の最高指導者ヨシフ・スターリンによってクリミア半島から追放され、その結果、彼らの二〇〜四六%が飢餓と病気で亡くなってしまった。[17] そして、二〇一四年にクリミアがロシアによって占領されて以来、クリミア・タタール人の抑圧および人権侵害が横行している。日本でもかつて同じようなことが起こっている。ロシアが北方四島を占領した際、当時四島にはソ連人は一人もおらず、四島全体で約一万七〇〇〇人の日本人が住んでいたが、ソ連はすべての日本人を強制退去させた。[18]

第二に、両国は近年話題になっている「ハイブリッド戦」に対抗しなければならない。日本の国際政治学者の志田淳二郎氏は「『ハイブリッド戦争』と動揺するリベラル国際秩序」と題する論文の中でこう書いている。「ウクライナ危機以降、米欧、とりわけ、EUやNATO（北大西洋条約機構）加盟国の安全保障専門家の間で、『ハイブリッド戦争』という『新しい脅威』についての議論が活発に交わされ、現在に至っている。軍事力を背景に、軍事力以外のあらゆる手法をあらゆる領域で駆使したロシアのクリミア半島併合作戦は、まさに『ハイブリッド』な作戦だった」、「日本が傍観者を決め込むことはできない。リベラル国際秩序の動揺と、直接的に関係している『ハイブリッド戦争』への対抗策を、日本が真剣に考えなければいけない現実が、もうすぐそこまで迫ってきているのだ[19]」。

ウクライナの専門家も同じ意見を述べた。ウクライナのシンクタンクであるUkrainian Prismが編集した二〇一九年の報告書によれば、ハイブリッド戦争の現象は国境を越えている脅威で、ヨーロッパと北アメリカだけでなく、民主主義価値観を共有しているオーストラリア、日本、韓国やその他の国はグローバルな対策によって、それに対抗しなければならないという[20]。

第三に、もう一つウクライナと日本にとって重要なのは、航行の自由の問題である。日本の防衛省の「中国情勢（東シナ海・太平洋・日本海）」（二〇二二年七月）によると、中国海軍艦艇は近年、尖閣諸島に近い海域で恒常的に活動している。二〇一六年、中国海軍フリゲート一隻が尖閣諸島周辺の接続水域に入域、二〇一八年、中国海軍潜水艦が初めて尖閣諸島周辺の接続水域で潜水航行した[21]。また、中国は軍用機の東シナ海における活動範囲を拡大しながら、二〇二一年に海警局の武器使用を含む任務と権限を定めた「海警法」を可決し[22]、日本から懸念が示された。

一方、二〇一八年にロシア連邦保安局の監視船がケルチ海峡でウクライナ海軍の小型艦など三隻を拿捕した事件（いわゆる「ケルチ海峡事件」）があったことから、ウクライナにとっても航行の自由は重大事である。角茂樹・元駐ウクライナ大使によれば、「東シナ海、その他、日本の周辺における航行の自由というものを日本はかねてから訴えており、また重要視しておりますから、同じようにケルチ海峡、アゾフ海、黒海における国際法にもとづいた航行の自由というものは、決して阻害されてはいけない、というのが日本の立場[23]」という。

第四に、ウクライナの太平洋地域の国際関係専門家であるセルヒー・コショヴィー氏によると、ロシアとの戦争で防衛装備の近代化をめざすウクライナにとって大事な協力分野は、サイバーセキュリティ、防衛の強化（特に東部の状況に鑑みて）、軍事製品の生産における最新技術へのアクセス、ハイテク生産のための共同研究および新しい武器の生産プロジェクトの実施であり、ロシアの侵略に対抗することでウクライナが得た独特の戦闘経験が日本にとって有用で興味深い[24]ことは明らかであるという。

さらに、両国は国際平和のために努力していることである。国連の創設国の一つであるウクライナは一九九二年に平和維持活動に参加し始め、世界中の二七以上の平和維持オペレーションに四万五〇〇〇人以上の軍人と民間人を派遣した[25]。日本は一九五六年に国連のメンバーになり、一九九二年に国連平和維持活動（ＰＫＯ）協力法が成立して以降、一一の平和維持活動と一七の人道支援活動に参加し、一万二五〇〇人以上の自衛隊員を派遣している[26]。

防衛対話の継続と発展

二〇一八年以降、ウクライナと日本との防衛対話は継続され、さらに発展した。二〇一九年、ゼレンスキー大統領は安倍総理大臣との会談の中でウクライナ東部情勢を説明し、ウクライナの主権および領土一体性に対する日本の支援に謝意を表した。

次に、二〇二〇年二月にドイツで行われた第五六回ミュンヘン安全保障会議の際、河野太郎防衛大臣はアンドリー・ザホロドニューク国防大臣と会談し、双方は二〇一八年に署名された防衛協力・交流覚書に基づき、各種協力を具体化していくことで一致した。また、ウクライナ側は、両国はサイバーセキュリティ問題、高度技術面のプロジェクトとデジタル化における協力に集中し、ハイブリッド脅威への対抗の経験も交換していくとした。[27]

さらに、日本はウクライナ軍に対しても支援を行い、二〇一九年から二〇二一年にかけて国際機関を通じてウクライナのキーウ、ハルキウおよびイルピンの軍事病院に人工肺換気装置（人工呼吸器）、麻酔装置、救急セット、X線診断装置などの医療器材を提供した。このプロジェクトは、二〇一四年から続くウクライナ東部紛争に苦しむ人々に対する日本の支援の一環として行われており、供与された医療機材は、戦闘で負傷した軍人のみならず、一般市民の診察・治療にも使用され、地域の医療品質とキャパシティの向上に繋がると期待されている。[28]

2019年の首脳会談。領土問題も話題にのぼった。
出典：首相官邸ホームページ
https://warp.ndl.go.jp/info:ndljp/pid/11547454/www.kantei.go.jp/jp/98_abe/actions/201910/21kaidan_02.html

第3節

ウクライナ国防大臣の初めての日本訪問

ウクライナ防衛相の訪日と「シーブリーズ2021」

二〇二一年三月、アンドリー・タラン国防大臣がウクライナの防衛大臣として初めて日本を訪問し、岸信夫防衛大臣と会談した。これは、両国の安全保障・防衛協力において歴史的なイベントであったと言えるだろう。訪日したタラン国防大臣一行の中に新型コロナウイルス感染症陽性者が確認されたためテレビ会談になってしまったが、大きな成果を挙げ、「第二回日ウクライナ安保協議」および「防衛当局間協議」の開催、ウクライナと米国が黒海で共同開催している「シーブリーズ2021」演習へのオブザーバーとしての参加、ウクライナ軍衛生当局者の訪日について進めていくことで一致した。[29] タラン大臣は宇都外務副大臣とも会談し、両国が国際的に認められた国境の不可侵の原則を遵守することを強調し、クリミア問題を解決するために設立され、二〇二一年の夏にウクライナで行われる「クリミア・プラットフォーム」サミットに日本を招待した。[30]

二〇二一年四月、ロシアがウクライナ東部の国境地帯に軍隊や戦車などを

岸防衛大臣とウクライナのタラン国防大臣とのテレビ会談。2021年3月。
photo:在日ウクライナ大使館提供

集結させ、ウクライナ東部とクリミアの安全保障状況を悪化させる中で、四月一四日、ヴォロディーミル・ゼレンスキー・ウクライナ大統領と菅義偉総理大臣との電話会談が行われた。ゼレンスキー大統領はウクライナ東部情勢について説明し、菅総理大臣は、日本はウクライナの主権および領土一体性を一貫して支持しており、ウクライナ東部情勢の悪化を懸念していると述べた。また、ゼレンスキー大統領は日本の対ウクライナ支援に謝意を表明した[31]。

日本とウクライナの防衛協力が進む中で、同年三月に行われた日本とウクライナ防衛相によるテレビ会談の成果を踏まえて、六月二八日から七月一〇日まで実施された多国籍軍事演習「シーブリーズ2021」に日本は初めて海上自衛隊から一等海佐一名をオブザーバーとして派遣した。この合同演習は過去二〇年で最大規模であり、日本以外に、共催国である米国およびウクライナに加えて、NATO、イギリス、ジョージア、トルコ等三二か国が参加した。日本防衛省は、「防衛省・自衛隊として、自由、民主主義、法の支配といった基本的価値を共有するパートナーであるウクライナとの防衛交流、防衛協力が着実に進展していることの証であり、大変意義深いものと考えており、ウクライナとの防衛協力・交流を強化し、地域や国際社会の平和と安定に寄与していく考えである[32]」と発表した。

国際社会の平和と安定のために

ウクライナと日本の防衛協力は、普遍的な民主的価値観の共有および国際法の遵守への理解に基づいており、二国間関係と政治対話の強化だけでなく、ウクライナ、日本、米国の間の強力な安全保障の三角形の形成のために重要である。両国はヨーロッパとアジアの安全保障強化に貢献しながら、世界平和の実現のために努力している。

二〇二一年末、ロシアとウクライナ国境付近で軍事的緊張が高まったことに対し、ウクライナのコルスンスキー駐日大使はロシアの攻撃の可能性が高いことに懸念を示し、平和的な解決を目指しつつも「攻撃されれば国を守るために断固戦う」と述べた。また、ロシアのプーチン大統領の思惑について、「小さいながらもソビエトなるものを復活させることだ。ウクライナや中央アジアなどはまさに勢力圏であり、いまだにここを支配する権利があると信じている」と指摘した[33]。

ロシアという共通の隣国に対し、ウクライナも日本もロシアとの関係が複雑である。ロシアの攻撃的な行為を収束させる方法は何か、占領された地域をどうやって取り戻すことができるのか、ハイブリッド戦争にどう対抗していくのかという問題が存在しており、日本とウクライナは国際社会の責任のある一員として、国家防衛のためにさまざまな措置を取らなければならない。

さらにウクライナへの支援は、日本政府が掲げる日本の国家安全保障の基本理念である国際協調主義に基づく積極的平和主義の立場と一致している。日本は二〇一三年に国家安全保障会議を設置し、国家安全保障戦略が策定された。積極的平和主義の目的は、日本の安全および地域の平和と安定を実現しつつ、国際社会の平和と安定および繁栄の確保にこれまで以上に積極的に寄与することにある。ウクライナ支援により、日本は積極的平和主義を推進するグローバルパワーとしてのプレゼンスを一層発揮することができるだろう。

第4章

経済関係および協力

前頁扉写真＝ウクライナ訪問中の北岡伸一ＪＩＣＡ理事長が
ボルトニッチ下水処理場を視察、2017年。
photo:ウクルインフォルム通信提供

第1節　経済関係の成立と経団連との協力

二〇二二年二月に始まるロシアのウクライナ侵攻の影響は、日本・ウクライナ二国間関係のあらゆる分野に及んでいるが、特に、この章で述べる状況は激変している。多くのプロジェクトが中断を余儀なくされ、先行きが見通せない状況であるが、ウクライナが平和を取り戻した暁には、中断されたプロジェクトの再開に加えて、新たな復興支援が期待され、日ウ関係の経済協力と日本の役割はさらに大きなものになるだろう。その時を期して、ここでは主に二〇二一年までの日ウ経済関係について概説する。

ウクライナ研究会と両国商工会の活動

日本とウクライナとの経済関係の基盤は一九九四年に作られた。同年一〇月、日本経済団体連合会（経団連）の日本NIS経済委員会は、日本の大手企業三〇社のイニシアチブによりウクライナ研究会を発足させ、経済情勢などについて広く情報を収集するようになった。二〇〇七年、経団連にウクライナ部会が創設され[1]、二〇二二年一月現在、丸紅の國分文也取締役会長が部会長を務めている。また、キーウには、ウクライナに進出する日系企業による日本商工会が組織されており、二〇二一年七月現在、二六社が会員企業として加盟している。[2]

ウクライナ側は、一九九六年一月、官民一体のウクライナ日本経済委員会が大統領令によって設立され、アナトリー・キナフ副首相が委員長に就任した。同委員会は二〇〇〇年に解散したが、二〇〇二年に同委員会をもとにウクライナ対日経済協力調整協議会が創設された。対日経済協力調整協議会の会長はウクライナ経済大臣であり、その会員は経済省令によって決定される。[3] 日本におけるウクライナ商工会議所は、二〇〇六年に駐日代表部が開設され、代表にコスチャンチン・ツカチョウ氏が就任した。[4]

貿易・金融の協力・協定

貿易・金融協力の発展のための法的枠組みに関しては、一九九五年、日本の一般特恵関税制度[5]がウクライナに適用されるようになった。[6] 一九九七年、ウクライナ輸出入銀行および日本輸出入銀行は協力協定を締結し、同年、ウクライナ内閣府と日本通商産業省および日本輸出入銀行との間で覚書が署名された。二〇〇五年、世界貿易機関（WTO）へのウクライナ加盟の枠組みにおけるウクライナと日本の市場アクセスに関する議定書が締結された。二〇〇九年、ウクライナ輸出入銀行は日本貿易保険（NEXI）と協力協定を結び、二〇一五年に投資の促進および保護に関する協定（日・ウクライナ投

角茂樹駐ウクライナ大使とA・アブロマヴィチュス・ウクライナ経済発展・貿易大臣による日ウクライナ投資協定の署名式、2015年。
photo:ウクルインフォルム通信提供

資協定）が成立した。[7]

二〇一一年三月、ウクライナと日本の政府は、現行の租税条約に代わる新条約を締結するための交渉を開始した。[8]この条約が署名されれば、ウクライナにおける日本企業の活動の障壁が軽減され、二国間の経済関係はさらに改善されるだろう。

日本NIS経済委員会のウクライナ訪問

経済分野における交流では、一九九六年にウクライナ日本経済委員会が創立されたことを契機に、日本NIS経済委員会ウクライナ研究会は、河毛二郎委員長を団長とする使節団をウクライナに派遣した。使節団はクチマ大統領や政府関係者・経済界の代表と懇談、また現地企業を訪問した。この訪問は経団連に、ウクライナとの経済交流の重要性を再認識させる有益なものであった。

二〇〇一年三月、日本NIS経済委員会は、給田英哉ウクライナ研究会委員長を団長とする訪ウクライナ経済ミッションを派遣した。二〇〇〇年にウクライナ日本経済委員会が解散したことにより、困難になっていた経済界同士の対話を進めるためである。一行はユーシチェンコ首相をはじめ経済界・産業界の幹部と会見し、ウクライナの政治経済情勢、日ウ経済関係について意見を交換した。今後の日ウ経済交流については、ウクライナ経済省、産業政策委員会、産業家企業家連盟、商工会議所との間で連携をとりながら進めていくことが確認された。[9]

二〇〇三年はウクライナ訪問が二回行われた。五月、給田ウクライナ研究会委員長（当時）を団長とする訪ウクライナ経済ミッションは、ズレンコ外相、アザーロウ第一副首相兼財務相、キナフ・ウクライナ産業家企業家連盟会長など、政財界首脳との間で意見交換を行った。九月には寺島実郎ウクライナ研究会委員長がウクライナを訪問し、政府や経済界要人と意見を交した。[10]

二〇〇七年四月、日本NIS経済委員会はウクライナとカザフスタンに、安西委員長を団長とするミッションを派遣し、[11]ウクライナでヴィクトル・ユーシチェンコ大統領と意見交換を行った。

日本ウクライナ経済合同会議

二〇〇八年からは、日本とウクライナとの経済関係分野において最も重要な協力メカニズムである日本ウクライナ経済合同会議が行われるようになった。同年二月、日本NIS経済委員会は訪ウクライナ・ミッションを派遣し、ユーリヤ・ティモシェンコ首相と意見交換を行ったほか、第一回日本ウクライナ経済合同会議を開催した。[12]

第二回日本ウクライナ経済合同会議は二〇〇九年三月に東京で行われ、ウクライナのボフダン・ダニリシン経済大臣が参加した。同会議の覚書のほか、二国間会談の結果、ウクライナ側と日本企業の間で一六の覚書が署名され、[13]二国間協力に対して大きな期待感が醸成された。

二〇一一年九月にキーウで第三回日本ウクライナ経済合同会議、[14]二〇一二年一一月に東京で第四回日本ウクライナ経済合同会議が行われた。ウクライナからはウクライナ対日経済協力調整協議会の会長であるペトロ・ポロシェンコ経済発展・貿易大臣を含む約二五名が参加し、両国の経済情勢と経済発展戦略の説明、省エネおよびインフラ整備改善等を含む分野における事業機会、二国間経済関係の強化に向けた日本ウクライナ投資協定の重要性等について議論された。この席上、初めてウクライナの観光資源が議題に上り、将来の直行便就航の可能性についても言及された[15]。

二〇一三年一〇月、経団連のウクライナ部会（岡素之部会長）は、キーウでウクライナ対日経済協力調整協議会および第五回日本ウクライナ経済合同会議を開催した。合同会議では、ウクライナの対外経済政策、当時政府間交渉中であった日ウクライナ投資協定、資源エネルギー・エネルギー効率向上等の分野における事業機会などについて議論した。さらに、ウクライナの農業分野を活用した協力の重要性についても認識を共有した[16]。

二〇一四年にロシアによるクリミアの一時的占領およびドンバス地方における露ウ戦争が始まると、経団連はウクライナの情勢に関心を寄せ、ウクライナの政治家と接触した。二〇一五年三月、経団連の日本NIS経済委員会の佐々木則夫委員長はウクライナのパウロ・クリムキン外務大臣と懇談し、ウクライナ情勢の現状と今後の展望、日本企業への期待等について意見を交換した[17]。

第六回日本ウクライナ経済合同会議は二〇一六年一二月、東京で行われた。ウクライナのステパン・クービウ第一副首相兼経済発展・貿易大臣らは経団連の朝田照男ウクライナ部会長らと、ウクライナの農業、インフラなどの分野における協力の可能性、またウクライナのビジネス環境の課題である税制、外貨規制等について意見が交わされた。さらにイノベーション協力についても討議が行われた[18]。

二〇一七年五月、両国間の貿易・投資関係の拡大と深化に向けて政策対話を深める観点から、経団連の朝田ウクライナ部会長は、キーウでクービウ第一副首相兼経済発展・貿易大臣を共同議長とする第七回日本ウクライナ経済合同会議を開催した。ウクライナのビジネス環境や農業、輸送およびインフラなどの分野における協力について活発な意見交換が行われた。[19]

タラス・カチカ経済発展・貿易・農業省次官が率いるミッションの来日を機会に、二〇一九年一二月、東京で第八回日本ウクライナ経済合同会議が開催された。この会議では新たな分野でのビジネス関係の推進も議題に上り、その内容は農業からインフラ、エネルギー、Society 5.0を含むデジタル経済にまで及んだ。経団連側は、二〇一九年五月に就任したヴォロディーミル・ゼレンスキー大統領による改革を歓迎する一方、国際機関の支援のもと、ビジネス環境のさらなる改善を要望した。[20]

2017年5月、ウクライナを訪問した経団連とフロイスマン首相との会談。
photo：在ウクライナ日本国大使館提供

日本とウクライナとの経済関係の樹立および発展において、経団連は非常に重要な役割を果たしてきた。一九九〇年代から現在にかけて日ウ経済交流が大きく拡大してきたのは経団連の努力のおかげであると言っても過言ではない。日ウ経済関係のさらなる発展のために、ウクライナ政府と経団連は、より一層の緊密な連携が求められる。

第2節　貿易関係および日本によるウクライナへの投資

経済閣僚レベルの往来

経済関係者対話では、日本から二〇一四年八月に茂木経産大臣、二〇一五年二月および九月に岩井経済産業大臣政務官がウクライナを訪問した。

ウクライナからは、一九九九年四月、ロホヴィー経済相（民間招待）、二〇〇五年七月、ユーシチェンコ大統領同行のテリョーヒン経済相およびチェルヴォネンコ運輸相、二〇〇九年三月、ダニリシン経済相、プローダン燃料エネルギー相、ノヴィツキー産業政策相、クイビダ地域発展・建設相、クチェレンコ住宅・公共サービス相、ポルタヴェッツ石炭産業相（第二回日本ウクライナ経済合同会議）、二〇〇九年三月、ティモシェンコ首相（ネミーリャ副首相、ダニリシン経済相同行）、二〇一一年二月、ヤロシェンコ財務相、二〇一二年一〇月、ポロシェンコ経済発展・貿易相（第六七回IMF・世銀年次総会）、二〇一二年一一月、ポロシェンコ経済発展・貿易相（第四回日本ウクライナ経済合同会議）が日本を訪問した。[21]

往来の記録を見ると、ウクライナは以前から日本との経済協力の発展に大きな興味を持っていたことが分かる。一方、日本側は、二〇一四年以降、特に関心が高まったと言えよう。

対日輸出品目の拡大

上述の経済閣僚レベルの往来の成果を考察するために、二国間の貿易および投資関係を検討してみよう。在日ウクライナ大使館によると、二〇一八～二〇二〇年の三年間の二国間貿易および投資協力は着実に前向きな動きを示しているという。まず、商品およびサービスの貿易については、二〇一八年の貿易総額は九億六九三〇万ドル、二〇一九年は一二億三五三〇万ドル[22]、二〇二〇年は一二億七〇一三万ドルであり、ウクライナ側に貿易赤字が見られる。二〇二一年の貿易総額は一五億八九六六ドルに達した。

貿易関係のダイナミックスを見ると、一九九五年の一億六六〇〇万ドルから二〇一二年には一五億一九〇〇万ドルまで増加した。しかし、二〇一四年以降、露ウ戦争および経済危機の影響により、輸出と輸入は大きく減少し、二〇一五年は六億三〇三〇万ドルに留まった。[23] それ以降、二〇一六年から二〇二一年にかけては増加傾向にあり、二〇二一年は二〇一二年の水準を上回った。ウクライナからの主な輸出品は鉱石、タバコ、アルミニウム、水産物、化学製品、木材加工品であり、日本からの主な輸出品は自動車、機械・装置類、光学機器、医薬品、電気電子機器である。[24]

二〇二〇年のウクライナの貿易パートナートップ一〇は、EU（三七・八％）、中国（一四・四％）、ロシア（五・五％）、トルコ（五％）、インド（四％）、エジプト（三・三％）、ベラルーシ（二・七％）、米国（二％）、インドネシア（一・五％）およびサウジアラビア（一・五％）であった。日本は商品の貿易で第二〇位、サービスの貿易で第六一位となっている。

貿易上、大きなポテンシャルを持っているのはウクライナの農産品である。ウクライナは、地球の三分の一の肥沃な黒土地帯（チョルノゼーム）が広がり、穀倉地帯を有する農業国としてのイメージが強い。二〇〇二年、日本は初めてウクライナ産の穀物を輸入し、二〇〇九年には、ウクライナの主要な輸出品となった。二〇二〇年時点では、ウクライナは世界で二番目に大きい穀物輸出国というステータスを維持しており、オオムギの輸出は世界第二位、トウモロコシは世界第四位、小麦は世界第五位である。[25]

二〇一五年より、ウクライナ産はちみつの対日輸出が始まり、徐々に拡大している。ウクライナ産の百花蜜はさまざまな植物の花蜜を集めたはちみつであるが、特にヒマワリの花の特徴がよく出ている。黄色みを帯びた色合いと濃厚な甘さの中に程よい酸味のあるのが特徴である。楽天、アマゾン、ヤフー、ヨドバシカメラなどで販売されている。

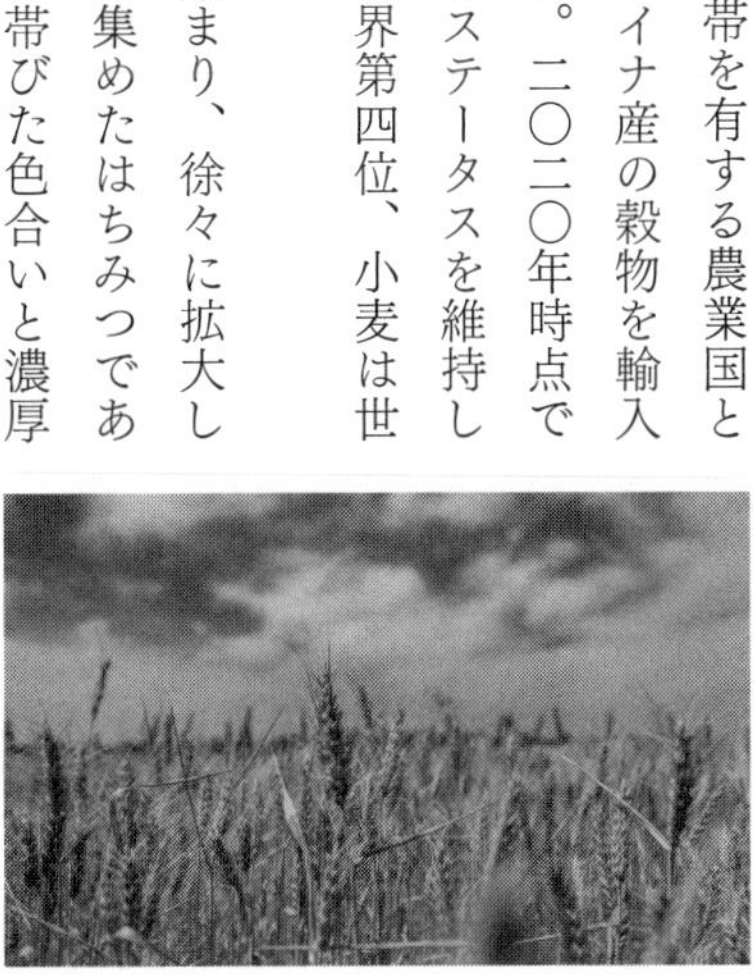

ウクライナの小麦畑。

過去五年間、食品の品質に対する要求が高まる日本市場へのウクライナ農産物の進出を確保するため、ウクライナの農産物の認証に重点が置かれている。二〇一七年、ウクライナ産乳製品の日本への輸入が許可された。二〇一九年、ウクライナ産の鶏肉をはじめとする家きん肉などの輸入に関する家畜衛生条件が締結された。[26] その結果、ウクライナから日本への輸出品目が拡大し、二国間貿易の不均衡の低減に役立つことが期待されている。

また、ウクライナは日本に対する魚類の輸出を推進しており、二〇二〇年に日本は三番目の輸出先となった（第三位 日本四七六万ドル、第二位 デンマーク六五〇万ドル、第一位 ドイツ一一〇〇万ドル）[27]。

さらに、日本の総合貿易商社、株式会社ヘルムズは、二〇二一年にウクライナ産ワインの日本への輸入を始めた。ウクライナから輸出されるのはオデーサ州シャボ社とコロニスト社、ヘルソン州のトルベツコイ公ワイナリー社、ザカルパッチャ州のチザイ社の四つのワイナリーの製品である。[28]

また、ウクライナ産の農産品の日本市場への進出には、Foodex Japan のような国際展示会への参加が不可欠である。二〇一九年にウクライナのコンサルティング会社 Consulting Integrated（COIN）の後援でウクライナの企業が初めて出展し、その結果、二社の商品が日本のパートナーによる検査に合格し、一三社のうちの一一社が日本側と協力を進めることになった。[29] また、二〇二〇年一一月一二日、在日ウクライナ大使館の協力でCOINが主催した初めての対日貿易使節団オンライン会議が開催された。このイベントは、セルギー・コルスンスキー駐日ウクライナ大使および経済産業省の代表の出席下で行われ、二三社のウクライナ企業と三井物産、豊田通商、片岡物産、タカラ商事、カーギルジャパン、ラクト・ジャパンコルドンヴェールを含む二一社の日本企業が参加し、三時間にわたって四〇を超える会議が開催された。参加者は、菓子・スナック、蜂蜜、冷凍果物・野菜、豆類・穀物、ニンニク・ナッツ、ワイン、乳製品など、幅広い食品カテゴリーの事

JETROのビジネスミッションによる企業視察（2017年3月）。photo：在ウクライナ日本国大使館提供

業について話し合った。[30]

最後に、日本とウクライナとの貿易発展においては、二〇一六年にＪＥＴＲＯ（日本貿易振興機構）がウクライナオフィスの開設について発表し、二〇一七年にＪＥＴＲＯのビジネスミッションがウクライナを訪問した。ＪＥＴＲＯの事務所は、旧ソ連地域ではロシアに二か所、ウズベキスタンに一か所、そして東ヨーロッパにはチェコ、ポーランド、ハンガリー、ルーマニアに置かれている。

日本の対ウクライナ投資と日系企業の進出

日本からウクライナへの海外直接投資は、二〇二一年一二月末時点の累計では、二億三四八〇万米ドルに達した。[31] 二〇二〇年のウクライナへの投資国トップ一〇は、キプロス（一四九億五八〇〇万）、オランダ、イギリス、スイス、ドイツ、オーストリア、ルクセンブルク、フランス、ロシア、ポーランド（八億三七〇〇万）であった。アジア諸国の中では、シンガポール（第一七位、三億三八〇〇万ドル）だけがトップ二〇に入った。[32]

ウクライナにおける日本企業の事業を検討しよう。日本外務省によると、二〇二一年八月の時点で三八社の日系企業がウクライナに進出しており、二〇二一年一二月時点でウクライナ在留の日本人は二五一名となっていた。[33] 日系企業の事業を見ると、まず、一九九三年から日本たばこ産業株式会社がウクライナに進出している。工場は中央ウクライナのポルタワ州クレメンチューク市にあり、キャメル、ウィンストン、マグナ、モンテカルロなどの世界的に有名なタバコを生産している。日本たばこ産業はウクライナの工場に三億二〇〇〇万ドル[34]を投資しているが、スイスに本部を置く海外子会社 Japan Tobacco International

Switzerland（JTインターナショナルSA）の投資として登録されているため、ウクライナへの投資残高に反映されていない。

次に、一九九九年からウクライナのボフダン社と日本のいすゞ自動車、日商岩井（現・双日）が協力してトラック・バス事業を展開、二〇〇六年には三社の出資による日ウ合弁企業・いすゞウクライナ社が設立され、トラック・バスの生産規模拡大およびウクライナ周辺諸国への輸出も視野に入れた販売事業がスタートした。

二〇〇二年、矢崎総業（Yazaki）がウクライナで企業登録した。スロヴァキアとの国境近くのザカルパッチャ州にある工場はJLR AudiおよびＢＭＷに自動車部品を供給している。[35]

二〇〇六年には、住友電気工業がSumitomo Electric Bordnetze Ukraineを設立、テルノピリ州においてフォルクスワーゲンとアウディに供給する自動車用ワイヤーハーネスの製造工場を設置した。Sumitomo Electric Bordnetze Ukraineは二〇一三年にチェルニウツィ市、二〇一六年にチョルトコウ市（テルノピリ州）、二〇一八年にフメリニツキー市に新工場を開設した。上記四か所には、合わせておよそ七〇〇〇人の従業員がいる。[36]

また、株式会社フジクラは二〇一六年リヴィウに二か所、ヴィンニツャ州のネミロウ市に一か所、住友電工と同様に自動車用ワイヤーハーネスの製造工場を設置した。[37]

さらに、二〇一七年から二〇一九年にかけて、農業がウクライナへの日本の投資の新たな分野となった。

二〇一八年、住友商事は、ウクライナ全土にオフィスと広範なネットワークを有し、農業機械、植物保護製品、肥料などの供給を専門としているウクライナの農業資材大手スペクター・アグロ社（Spectr-Agro）の支配的株式を取得した。[38]

また、日本の多角的企業である株式会社SDGsは二〇一六年にキフショバータ・アグロ社（Kivshovata Agro LLC）を買収し、キーウ州において一万六〇〇〇トンの穀物エレベーターの建設などのために、ウクライナの農業セクターに約三〇〇〇万ドルを投資した。[39] SDGs社は社会的責任プロジェクトも推進しており、「地域の豊かさ向上とともに事業を成長させること」を目的として社会福祉事業研究にも力を入れ、地域の持続的な発展を支援している。外資系企業によるウクライナでの事業展開のポジティブな前例となっており、日本のビジネス文化を広めている。[40]

このほか、トヨタ、日産、ホンダ、丸紅、双日、パナソニック、三井物産、伊藤忠商事、住友商事、三菱商事などの企業がウクライナに拠点を置いて、積極的に活動している。日本におけるウクライナ関連企業については、鉄鉱石ペレットの生産者であるスイスのフェレックスポ（Ferrexpo）社は、日本との長い貿易関係を持つウクライナの鉄鋼業界の強力なリーダーであり、新日鉄と神戸製鋼に製品を輸出している。

キーウ州に建設されたキフショバータ・アグロ社の穀物エレベーター。photo：キフショバータ・アグロ社提供

ＩＴ事業での協力

日本企業との新たな協力分野にはＩＴ事業がある。二〇一九年五月、ＮＰＯ法人ＪＡＳＩＰＡ（日本システムインテグレーションパートナー協会）とウクライナのＩＴ企業団体であるウクライナＩＴ協会は、双方の得意分野と市場における相互協力の業務提携に合意し、基本合意書を交わした。[41] 上記合意書が日本とウクライナのＩＴ企業間の協力を促進し、ウクライナにおける日本のソフトウェアサービスの導入を確保することが期待される。なお、同年六月二五日、ウクライナ首都キーウにて、ゼレンスキー大統領が楽天グループの創業者であり代表取締役会長兼社長である三木谷浩史氏と会談した。[42] ウクライナで最も人気のあるメッセンジャーアプリのバイバー（Viber）を買収した楽天は、オデーサにＲ＆Ｄ拠点（Rakuten Intelligence）を構えており、キーウにも開設する予定があると報道されていた。この会談では、「スマホの中の政府」プロジェクトをサポートするための先進技術の提供やウクライナ国家投資評議会との連携などに関する討議が行なわれた。

そのほかにも日本の実業家・孫泰蔵氏が投資している、エストニアのスタートアップコミュニティ「ＬＩＦＴ99」が、二〇一九年にエストニア以外の地では初の拠点をウクライナのキーウに設立した。[43]

ウクライナIT協会と日本システムインテグレーション・パートナーズ協会（JASIPA）が業務提携の覚書・基本合意書に署名、2019年。
photo:Ago-ra IT Consulting提供

二〇一八年からウクライナで活躍している、Ago-ra ITコンサルティング代表およびウクライナＩＴ協会日本市場担当ディレクターを務める柴田裕史氏は、ウクライナを「ＩＴ大国」とし、人件費、ソフトウェア技術と経験のバランスがとれたウクライナにこれから日本企業が殺到することが予想されると指摘した。[44]

以上のように、日本とウクライナとの貿易、日本の対ウクライナ投資が増加し、日本企業のウクライナ進出が加速して、新たな経済・投資協力メカニズムが産み出されている。日本とウクライナの連携は、農業、食料品、タバコ、自動車およびパーツ販売という伝統的な分野だけでなく、ＩＴ分野にまで拡大し、世界的トレンドに応じるようになった。

第3節　日本の対ウクライナ援助

ソ連崩壊後のウクライナ支援

ウクライナに対する経済協力はソ連崩壊後に始まった。一九九二年の外交青書によると、日本は旧ソ連諸国に対し、一九九一年一〇月に二五億ドルからなる支援策を決定し、これをはじめとして日本の支援総額は約三〇億ドルに達した。支援策の内容は以下のとおりである。

（一）市場経済への円滑な移行を促すための技術的支援として、研修員の受け入れ、専門家の派遣等の実施。

（二）緊急人道支援として、無償支援では一九九〇年一二月、一九九二年一月にそれぞれ一〇億円、六五億円の食糧、医薬品等の供与を実施。一九九二年一〇月、一億ドルの緊急人道支援を決定。有償支援では、食糧、医薬品等の一億ドルの日本輸出入銀行（輸銀）融資について、一九九二年九月に関連文書を交換。（上記二五億ドルの支援策には食糧、医薬品、輸送手段等のための五億ドルの輸銀融資が含まれる。）

（三）貿易経済活動円滑化のための支援として、一八億ドルの貿易保険引受けおよび二億ドルの輸銀信用供与を行う用意の表明。

このほか多数国間での協力として、一九九二年一〇月の旧ソ連支援東京会議の主催、国際科学技術センターの活動のための二〇〇〇万ドルの拠出、二四〇億ドルの支援策における貢献、債務繰り延べにおける協力等の支援を行った。[45]

JICAを通じた支援

一九九七年以降、日本は政府開発援助（ODA）の枠組みでウクライナを支援するようになった。日本政府は平和構築やガバナンス、基本的人権の推進、人道支援等を含む開発途上国の開発のため、資金（贈与・貸付等）および技術提供を行っている。日本政府はODAを一九五四年一〇月六日に開始し、独立行政法人国際協力機構（JICA）を通じてこれまでに一九〇の国や地域への支援を実施している。

JICAは、日本が行う政府開発援助のうち、二国間において専門家の派遣や研修員などを受け入れる「技術協力」、資金を長期返済・低金利で貸し付ける「有償資金協力」、返済の必要のない資金を提供する「無償資金協力」の三つの形態で事業を行っている。JICAとウクライナとの協力は、二〇〇四年に締結された技術協力および無償資金協力に関する協定に基づいている。

二〇一七年六月、北岡伸一JICA理事長は理事長として初めてウクライナを訪問、ポロシェンコ大統領をはじめ政府要人と会談し、インフラ整備や環境分野などにおける支援の継続を表明した。同年一一月、キーウにJICA事務所が開設された。[46] 現在、黒海地域および中央アジアにはウクライナのほか、ジョージア、ウズベキスタン、タジキスタン、キルギス、トルコとバルカン（セルビア）にJICAの事務所が設置されている。また、二〇一九年一〇月、北岡理事長は日本訪問中のゼレンスキー・ウクライナ大統領と会談し、円借款で実施中のボルトニッチ下水処理場改修事業を含め、実施中の協力案件や、IT分野等における協力の可能性を含めた今後の二国間協力について意見交換を行った。[47]

在ウクライナ日本国大使館の対ウクライナ支援概要によると、二〇一八年二月の時点で、日本による対ウクライナ支援は有償資金協力一六九〇億円、無償資金協力九八億円、技術協力等七九億円であり、黒海地域においてはトルコに次いでODAの二番目の被援助国である（三番目はアゼルバイジャン）。さらに金融支援五八〇億円、チェルノブイリ・核不拡散関連支援のための二一九億円およびグリーン投資スキーム（GIS）を足して、合計で三〇八六億円の経済協力を行っている。[48] 日本は米国、EUおよびカナダとともに対ウクライナの主要ドナー国になっている。[49]

ボルトニッチ下水処理場を視察する北岡JICA理事長、2017年。photo：ウクルインフォルム通信提供

分野別支援状況

日本による援助を分野ごとに検討してみよう。

(1) 経済・金融改善協力

一九九五年一二月、ウクライナの国家財政立て直しや為替レートの一元化などの政策を支援するため、世界銀行と協調したアンタイド・ローンとして一五〇億円、輸出用バンクローンとして五〇億円が提供された。この債務は二〇〇一年七月のパリクラブでの合意に基づき返済が繰り延べとなった。二〇一一年、輸出クレジットラインとして八〇億円が提供され、二〇一四年に三〇〇億円の日本貿易保険(NEXI)によるクレジットラインが設定された[50]。

また、経済改革開発政策借款として二〇一四年に一〇〇億円、二〇一五年に三六九億六九〇〇万円がウクライナに提供された。これは国家財政の再建および各種制度改革を図り、ウクライナの経済状況の改善と互恵的経済関係の構築に寄与することを目的とするものであった[51]。

さらに、日本政府はウクライナの国家財政の再建および金融制度改革を後押しするため、当該分野に詳しい田中克氏(元日本銀行およびIMF職員)をウクライナ財務大臣アドバイザーとして二〇一五年から二〇二一年まで派遣した[52]。

(2) 交通インフラ改善プロジェクト

二〇〇四年、日本政府は、ウクライナのボリスポリ国際空港拡張のために一九〇億九二〇〇万円の融資を行った。ローンの金利は一・五％で、償還期間は三〇年（うち一〇年の据置期間）となっている。[53]ボリスポリ空港は、首都キーウに位置するウクライナ最大の空港であり、旅客数の急増に対応するため、国際線旅客ターミナルの拡張が課題となっていた。この協力により同空港に新設された国際線旅客ターミナルDは、ウクライナとポーランド共同開催の第一四回サッカー欧州選手権の前に無事完成し、二〇一四年五月に完成記念式典が行われた。

近い将来のプロジェクトでは、ウクライナ南部ミコライウ市の橋の建設プロジェクトがある。ミコライウ市はウクライナの南部に位置し、造船業を中心に発展したミコライウ州の州都である。また、同市はヨーロッパとアジアを結ぶ黒海沿岸地域の交通の要衝であり、オデーサ、ユージネ、チョルノモルシクなどの港に繋がる道路網の合流地点に当たる。ウクライナの河野ＪＩＣＡ事務所長によれば、このプロジェクトは特にアゾフ海がロシアによって封じ込まれて以降、非常に重要になってきたという。[54]現在の橋は市内にあるため、交通渋滞により市民の生活環境を悪化させる原因となっている。市外に新しい橋を構築すれば、市内の渋滞がなくなり、市民生活が改善すると思われる。二〇一九年にＪＩＣＡのミコライウ橋建設事業追加調査が発表され、本プロジェクトの実施は、「技術的・経済的に妥当である[55]」という結果が出たことにより、日本側の協力が期待されている。

日本の有償資金協力支援で建設されたキーウ市のボリスポリ国際空港ターミナルD。photo：JICA

（3）環境管理

二〇一五年、新たなプロジェクトとして、日本がウクライナに対し、ボルトニッチ下水処理場改修計画のために総額一〇八一億円の円借款に関する協議を結んだ。[56]ボルトニッチ下水処理場は、約五〇〇万人が居住するキーウ市およびキーウ州唯一の下水処理場として一九六三年に建設されたが、老朽化が進んでおり、ドニプロ川の汚染、汚泥処理機能の低下による悪臭の発生などが問題となっている。本プロジェクトは、日本の技術を利用して、下水・汚泥処理施設の新設および改修を行い、汚泥焼却炉の導入等を通じてキーウ市民の衛生環境・居住環境改善に寄与することを目的としている。日本側から、入札支援・施工監理業務に日本工営株式会社（幹事）、株式会社TECインターナショナル、日本水工設計株式会社がコンサルタントとして関わっている。当初計画では、本プロジェクトの工事は二〇二五年に完了する予定になっている。

ボルトニッチ下水処理場。日本の有償資金協力による施設の新設・改修支援が行われている。写真は水中の有機物を除去する装置。photo：JICA

二〇一八年二月から八月にかけて、JICAはウクライナのキーウ市、ハルキウ市、ドニプロ市に調査団を派遣し、一般廃棄物管理について情報収集を行った。ウクライナでは、ごみ分別の制度が導入されておらず、約九四％の都市廃棄物が処分場に投棄されている。廃棄物焼却施設は一九八〇年代にキーウ市に建設されたエネルヒア焼却施設の一か所のみで、老朽化が進んでいる。ごみ管理問題を解決するために、ウクライナ政府はＥＵとの連合協定の下、二〇一七年に「国家廃棄物管理戦略」を策定し、環境問題への対応に積極的な取り組みを始めた。そのため、ウクライナ政府は日本政府およびＪＩＣＡに対し、円借款による廃棄物焼却発電施設やその他の施設整備等、廃棄物管理セクターに係わるさまざまな支援を期待している。[57]

（４）地理空間情報の整備

ＪＩＣＡは、測地・地図・土地台帳庁を対象として、二〇一五年から二〇一八年にかけて国土空間データ基盤（ＮＳＤＩ）のパイロット的な実施に対する支援を行い、ウクライナのＮＳＤＩ構築・運用に係る仕組みの構築をサポートした。肥沃な大地と豊富な鉱物資源を有するウクライナは、地理空間情報として地形図などを全国で整備している。各機関では等高線図、傾斜図、森林図などを整備しているが、地理空間情報の作成および管理においては、類似の地理空間情報が複数作成されているなど、非効率な状況となっている。こうした状況を改善するため、地理空間情報の統合、効率的な管理、活用を行う仕組みづくりを目的として、本プロジェクトでは、パイロット地域（ヴィンニツャ地域）を対象に航空写真撮影が行われた。[58]

国土空間データ基盤（NSDI）パイロットシステム構築のための協議・調査の様子（2016年）。photo：JICA

(5) 民主化に向けた知見の共有

日本は「ウクライナの民主化に向けた知見の共有」というプロジェクトの枠組みで、二〇一五年から二〇一六年にかけてウクライナのメディア関係者、最高会議議員団、最高会議汚職対策委員会関係者、中央選挙管理委員会関係者を対象に日本でメディア支援コース、立法府支援コース、行財政改革支援コースなどの研修を行った[59]。また、二〇一六年に円借款の事業に従事するウクライナ人関係者を対象とした汚職対策ワークショップを実行し、二〇一九年から二〇二〇年まで刑事司法における汚職対策研修を行った。さらに、公共放送局へ放送機材を供与し、政府や少数の新興財閥の影響から独立した、信頼される公共放送局の育成を支援するため、公共放送組織体制強化プロジェクトを実施している[60]。

草の根・人間の安全保障無償資金協力によりドニプロ市内の病院で行われた医療機材改善計画の引渡式(2017年)。
photo:在ウクライナ日本国大使館提供

また、ウクライナ東部地域を中心とする人道状況の改善のため、国際機関経由による人道・インフラ復旧支援を行い、草の根・人間の安全保障無償資金協力を受けてウクライナの基礎的社会サービスの向上、医療機材供与、中小企業へのサポートを行っている。

省エネ分野の連携

ＪＩＣＡによるプロジェクトのほかに、省エネ分野で連携が進められている。

まず、グリーン投資スキームを検討しよう。ウクライナは一九九九年に京都議定書に署名し、二〇〇四年に批准したことによって、京都メカニズムの下でのグリーン投資スキーム実施への道を開いた。二〇〇八年七月一四日、日本国政府とウクライナとの間で、京都議定書の下での共同実施（ＪＩ）およびグリーン投資スキーム（ＧＩＳ）における協力に関する覚書が署名された。環境省の報道発表資料によると、「京都議定書目標達成計画においては、国内対策に最大限努力しても約束達成に不足する差分（基準年総排出量比一・六％）について、補足性の原則を踏まえつつ京都メカニズム（クリーン開発メカニズム（ＣＤＭ）およびＪＩ並びに具体的な環境対策と関連づけされた排出量取引の仕組みであるＧＩＳ）を活用することとなっている」という[61]。

二〇〇九年三月一八日、キーウで、伊沢正駐ウクライナ大使およびイーホル・ルパリッォウ環境投資庁長官によって日本国政府とウクライナ政府との間で、京都議定書の下でのグリーン投資スキーム実施に向けたガイドラインが署名された。本ガイドラインは、割当量等の移転に伴い日本からウクライナ側に支払われる資金が、温室効果ガス排出削減やその他環境関連プロジェクトに使用されることを確保するための具体的な手続きや条件等を定めたもので、同日、独立行政法人新エネルギー・産業技術総合開発機構（ＮＥＤＯ技術開発機構）とウクライナ政府との間で三〇〇〇万トンの割当量購入契約が締結された[62]。

これによりウクライナでは二つの大きなプロジェクトが実現した。一つ目は、ウクライナの警察車輛の燃費効率化事業と地下鉄車輌の近代化事業である。警察車両として燃費効率の優れた日本のハイブリッド車一五六八台が導入され、また、キーウ・メトロの車両一三五両が電力消費効率に優れた日本の技術により更新された。二つ目は、公共施設の断熱事業であり、ウクライナ国内の学校・病院等の公共施設（三七四施設）の窓枠、壁、屋根の断熱性の向上が実現した。[63]

二〇一五年にパリで行われた国連気候変動枠組条約締約国会議において京都議定書に代わる「パリ協定」が採択され、二〇二〇年以降の温室効果ガス排出削減等のための新たな国際枠組みとなった。ウクライナは二〇一八年八月に「ウクライナ二〇五〇低排出発展戦略」を、日本は二〇一九年六月に「パリ協定に基づく成長戦略としての長期戦略」を策定して国連に提出し、パリ条約の実行を開始した。これによりパリ協定下における日本・ウクライナの協力および連携が、今後積極的に推進されることが期待される。

エネルギー政策での協力

エネルギー分野では、二〇一四年五月のG7エネルギー大臣会合及び六月のG7サミットにおいて、各国はウクライナに対するエネルギー分野での支援を継続することで一致した。[64] 二〇一四年八月に茂木敏充経済産業相はウクライナを訪問し、石炭火力発電所の効率改善などを支援する共同声明に署名した。[65]

また、二〇一四年八月、（財）石炭エネルギーセンター（JCOAL、現在は一般財団法人石炭フロンティア機構）は、ウクライナ政府と石炭を原料とする石炭火力発電所の設備診断の実施に係る覚書を締結した。[66] その背景には、ロシアから天然ガスの供給を止められたウクライナのエネルギー安全保障の強化の必要性がある。

原料の四割近くを石炭が占めるウクライナの発電所は、旧ソ連時代からの老朽化した設備が多く、近代化が求められている。

二〇一五年二月[67]および一〇月、キーウでＪＣＯＡＬ、日本エネルギー経済研究所およびウクライナ・エネルギー・石炭産業省の共催による「日本・ウクライナ・エネルギー安全保障セミナー」が開催された。席上、エネルギー政策および石炭火力分野における日本の経験と技術を紹介、日本のエネルギー専門家により策定された「ウクライナのエネルギー政策マスタープラン」をウクライナ側に引き渡し、今後の協力推進を確認するための共同声明への署名が行われた[68]。さらに、二〇一五年一〇月、岩井経済産業大臣政務官がウクライナを訪問し、石炭火力発電所の効率改善などのエネルギー支援を盛り込んだ共同声明を発表した[69]。

二〇一六年六月、イーホル・ナサーリク・エネルギー石炭産業相は、キーウで日本からの代表団を迎える際、日本の東芝がウクライナの主要な電気・熱エネルギー生産会社であるCentrenergoに蒸気タービン部品輸出の可能性があることを発表した。また、二〇一八年七月、東芝エネルギーシステムズ株式会社の柳瀬原子力事業部長およびターボアトム社のヴィクトル・スボティン社長は、原子力発電所用タービンの導入協力に関する覚書に署名した[70]。

茂木経済産業相が石炭火力発電所の効率改善のため日本の技術支援を柱とした共同声明に署名、2014年。photo:ウクルインフォルム通信提供

持続可能な連結性とインフラ発展のために

最後に、日本とウクライナとの協力が可能なもう一つの特筆すべき分野は、日本とEU間の「持続可能な連結性および質の高いインフラに関するパートナーシップ」プロジェクトである。

欧州・アジア関係強化の方策としてEUは、二〇一八年に「連結性戦略」という政策文書を発表した。二〇一九年、ブリュッセルで開催された連結性フォーラムの際、日・EU連結性パートナーシップに関する覚書が署名された。[71] 慶應義塾大学の鶴岡路人准教授は、「中国の一帯一路への対抗であることは明示されていないものの、中国のアプローチを念頭に、『欧州のやり方』を示そうとしたのである。その第一のパートナーに日本が位置付けられることになった」と指摘している。[72]

協定によると、日本とEUは、IT、輸送、エネルギー、人的交流など、二国間および多国間におけるあらゆる側面で共に協力する。また、EUと日本は、東ヨーロッパ、西バルカン、中央アジア、インド太平洋、およびアフリカを対象とし、その地域のパートナーのニーズと要求を十分に考慮し、その財政能力と債務の持続可能性に最大限の注意を払いながら、連結性およびインフラ発展のために尽力する。このコンセプトの枠組みで、EUは特に欧州連合へ加盟しようとしているウクライナ、アルメニア、アゼルバイジャン、ベラルーシ、ジョージア、モルドバから構成される東方パートナーシップを重視しており、Indicative TEN-T Investment Action Plan に基づき、その諸国において二〇三〇年までに四八〇〇キロの道路と鉄道、六か所の港、一一か所の物流センターを建設する予定である。[73] 日本の企業もこうしたプロジェクトに参加すれば、日・ウクライナ関係はさらに強固なものとなるだろう。

第4節　観光

経済協力および人的交流を促進するためには互いへの旅行は大切である。ウクライナはヨーロッパの魅力のある旅行先である。ユネスコの世界文化遺産が六か所、自然遺産が一か所、無形文化遺産には、ペトリキウカ塗り、コサックの歌、コシウ陶器、クリミア・タタール伝統装飾である「オルネク」およびボルシチ料理がある。交通網はよく発達しており、欧州の各首都から四時間以内の距離にある。初めてウクライナを訪れる観光客には、首都のキーウ、オペラ・バレエ劇場およびビーチリゾートを誇るオデーサ、ウクライナ西部のハリチナ地方の中心都市で、中心部の旧市街がユネスコの世界遺産に登録されているリヴィウ、そしてウクライナの技術の中心地であるドニプロをお勧めしたい。歴史好きであれば、建築的多様性を代表するウクライナの城を訪れてほしい。かつては五〇〇〇か所に要塞があったが、現在は一一六か所しか残っていない。そのうち、保存されている城は約二五か所。もともと防御機能を持っていたが、一七世紀から要人の公邸

世界遺産に登録されているリヴィウの旧市街。photo:unsplash

キーウの聖ミハイル黄金ドーム修道院とドニプロ川。photo:unsplash

として使われるようになった。城はウクライナ全土にあるが、国の西部に集中しており、特にカームヤネツィ・ポジーリシキー城およびホティン城が有名である。伝統工芸に興味を持っている観光客は、ペトリキウカ塗りで知られる東部のペトリキウカ村、ピサンカ美術館（ピサンカはウクライナ伝統の彩色した卵。世界中のイースターエッグを集めた美術館）がある南西部のコロミヤおよびコシウ陶器が作られているコシウを訪れるといい。ウクライナのカルパチア山脈は冬はスキー、夏は雄大な景色の中でハイキングが楽しめる。ワインとチーズツアーもお薦めである。

日本人は二〇〇五年より観光短期ビザが不要となったため、ウクライナに旅行しやすくなった。また、二〇一〇年にウクライナから日本へのチャーター便の就航が発表されたが、限られた便数のみで途絶えており、直行便の再開が望まれる。さらに、将来、日本の旅行会社がウクライナツアーを企画すれば、ウクライナへの観光客が増えるだろう。新型コロナウイルス感染拡大前の二〇一九年には八〇〇〇人の日本人がウクライナを訪れている。ウクライナの観光ポテンシャルを考えると、今後もっと多くの日本人観光客の来訪が期待できるところだ。

雄大な風景が広がるカルパチア山脈。
photo：unsplash

ウクライナ伝統の彩色した卵、ピサンカ。

第5節　今後の可能性

日本はウクライナがソ連から独立して以降、さまざまな援助を行い、ウクライナの主要ドナー国となっている。対ウクライナ援助は、金融改善、インフラの整備、環境保護、経済改革、民主主義の発展、国民支援などの分野で行われている。日本政府による投資はウクライナの近代化および人道状況の改善に大きく貢献し、日本企業による投資にも繋がっており、重要な役割を果たしている。日本からの投資に関しては、近年増加する傾向にあり、ウクライナとEU、そしてイギリスとの自由貿易協定の成立を考えると、日本企業がウクライナに工場を開設することで、日本企業のヨーロッパへの輸出増加が期待できるだろう。また、ウクライナが食料品やITサービスなどの輸出国としての潜在能力を発揮するようになれば、日本との二国間貿易の発展も見込まれる。

ウクライナは日本との経済関係の強化に向けたさまざまな政策を打ち出している。第一に、二〇二〇年にウクライナ外務大臣ドミトロ・クレーバはウクライナ外交の経済化に関するイニシアチブを発表し、外交政策を実行する際、政治だけでなく、経済を重視することを企図した。第二に、ウクライナ外務省に、輸出業者と投資家の評議会を設け、ウクライナと海外パートナーとの交流の活発化を図った。第三に、二〇二〇年三月、ウクライナ議会は農地の売買を可能にする土地改革法案を可決し、農地売買を自由化した。

外国人への農地開放の是非については国民投票で決定することになっているが、上記法律の成立によってその可能性が出てきた。第四に、日本の経団連との連携が継続されており、二〇一九年一二月に東京で第八回日本ウクライナ経済合同会議が開催された。さらに、二〇二〇年一〇月に着任したセルギー・コルスンスキー大使は、現在ウクライナはG7の中でドイツ、フランス、イタリア、イギリスおよびカナダと自由貿易協定を締結していることを踏まえ、日本とウクライナとの自由貿易協定の締結を積極的に推進している。

二〇二〇年に始まった新型コロナウイルスの蔓延に起因する経済危機は深刻になっており、既存の協力の強化および新たなパートナーシップの成立の必要性が高まっている。その状況の中で、日ウ両国が自由貿易協定の締結、ウクライナに対する日本投資の増加および日ウ共同事業の構築に向けて、経済分野における互いのポテンシャルを上手く活用できれば、世界経済システムの安定化、ひいては両国民の利益と福祉に繋がっていくであろう。

二〇二一年一二月に松田邦紀駐ウクライナ大使がゼレンスキー大統領へ信任状捧呈を行った際、ウクライナの主権および領土一体性への一貫した日本の支持を伝え、経済協力をはじめとしたさまざまな分野での両国関係の発展に尽力していく旨を述べた。ゼレンスキー大統領は、ウクライナはボルトニッチ下水処理場改修プロジェクトを特に重視しているとコメントしている。さらに、露ウ戦争後のウクライナのインフラの復興の必要性を考えれば、近い将来、経済協力が優先分野になるだろう。

第5章

核の安全および科学技術協力

前頁扉写真＝チェルノブイリ４号炉を覆う石棺。
建設のための「チェルノブイリ・シェルター基金」に
日本は１億1730万ドルを拠出した。
photo:unsplash

第1節　ウクライナの核兵器問題および日本による非核化支援

旧ソ連諸国の非核化に向けた先進国の取り組み

一九九一年一二月にソビエト連邦が崩壊した結果、冷戦の負の遺産として旧ソ連諸国、すなわちロシア、ウクライナ、カザフスタンおよびベラルーシに残された大量破壊兵器の迅速な廃棄の重要性が強く認識された。ウクライナは米国とロシアに次いで世界第三の核兵器保有国となり、旧ソ連から多数の戦術核弾頭に加えて、一二四〇発の核弾頭と一七六発の大陸間弾道ミサイル[1]、また四四機の戦略爆撃機[2]を引き継ぐこととなった。

旧ソ連諸国による核兵器所有問題は国際社会の重大関心事となり、一九九二年に開催されたミュンヘン・サミットにおいて日本を含めたG７はその解決に協力することに合意した。日本はこの協力を遂行するため、一九九三年四月、東京サミットに先行して開催されたロシア支援に関するG７合同閣僚会議において、旧ソ連諸国の非核化協力のために総額一億ドルの資金の提供を発表した[3]。

また、一九九九年六月のケルン・サミットにおいて、日本は旧ソ連諸国に対する核軍縮・核不拡散協力として一九九三年の資金協力の未使用分と合わせ、二億ドルの資金協力を表明した[4]。その資金を使って日本は、ウクライナだけでなく、カザフスタン、ベラルーシおよびロシアに対しても非核援助を供与してきた。

さらに、二〇〇二年六月に開かれたG8サミットにおいて、「大量破壊兵器・物質の拡散に対するグローバル・パートナーシップ」が採択された。これはテロリストおよびそれを匿い、支援する者による大量破壊兵器（化学、生物および核兵器、ミサイル）並びに関連物資、機材および技術の拡散を防止するための取り組みである。二〇〇二年以来、G8はグローバル・パートナーシップのもとで化学、生物、放射性物質、核兵器セキュリティの分野において二〇〇億ドルをはるかに上回る資金協力を行った。[5]

ウクライナの非核化宣言と「三か国声明」

一九九〇年七月一六日、ウクライナの最高議会（最高ラーダ。ウクライナの国会）は、「受け入れない、作らない、手に入れない」の非核三原則を盛り込んだ「主権宣言」を採択し、翌一九九一年一〇月二四日発表の「非核化に関する最高ラーダ声明」の中で、ウクライナ領内に置かれたソ連の核兵器はいずれ廃棄されることを宣言した。同年七月に米ソ両国は第一次戦略兵器削減条約（START—1）を結んだが、一二月にソ連が崩壊したため、一九九二年五月、ウクライナを含む旧ソ連の核保有国は「リスボン議定書」（START—1付属議定書）に調印し、核不拡散条約（NPT）への加入に合意した。[6]
一九九四年一月一四日、米国のビル・クリントン大統領、ロシアのボリ

ウクライナの最高ラーダ(国会)。

ス・エリツィン大統領およびウクライナのレオニード・クラウチュク大統領の間で「三か国声明」が合意された。「三か国声明」で、ウクライナはNPTへの早期加入に努め、米国とロシアはウクライナのNPT加入とSTART―1の発効とともに同国の安全を保証することを確認した。また、「三か国声明」の付属書では、ウクライナはSTART―1の規定により七年以内に戦略攻撃兵器を含む全ての核兵器を廃棄し、ウクライナがロシアに核弾頭を輸送する一〇か月の間、ロシアはウクライナに原発燃料用低濃縮ウラン一〇〇トンを提供し、米国はロシアに戦略核の輸送・解体と核燃料製造の資金として六〇〇〇万ドルを提供することが確認された。また、米国は「三か国声明」の中で「ナン・ルーガー計画（大量破壊兵器の解体・廃棄に対する財政支援）」に基づき、ウクライナ、ロシア、カザフスタンおよびベラルーシにミサイルの解体と核物質保管のための技術支援および八億ドルの資金援助を行うことを約束した。この中から最低一億七五〇〇万ドルがウクライナに振り向けられ、さらに三月四日のクラウチュク大統領訪米の際に、米国はウクライナへの支援を三億五〇〇〇万ドルに増額した。[7]

ロシアによって破られた「ブダペスト覚書」

一九九四年一二月五日、ハンガリーのブダペストで開催されたOSCE（欧州安全保障協力機構）会議において、アメリカのクリントン大統領、イギリスのメージャー首相、ロシアのエリツィン大統領およびウクライナのクラウチュク大統領は「ブダペスト覚書」に署名した。これはウクライナのNPT加盟に際して、核保有国である英米露がウクライナの主権および当時の領土を尊重し、ウクライナに対する脅威や武力行使を控えるというものであった。

特筆すべきことは、二〇一四年に起こった「ロシア・ウクライナ戦争」である。二〇一四年一二月、ロシアはウクライナのクリミア半島に侵攻してこれを占領し、さらにウクライナ東部のドネツク州およびルハーンシク州に武力攻撃を行い、ウクライナの主権と領土を侵害した。一連の軍事行動は、「ブダペスト覚書」に違反するものである。

日本のウクライナ非核化援助

日本によるウクライナ非核化援助は、米国による支援には及ばないものの、その他の国からの援助に比べると大規模であった。たとえば、一九九五年度の日本、ノルウェー、ドイツによる対ウクライナ支援は、それぞれ一六〇〇万ドル、五〇〇万ドル、九五万ドルであった。[8]
日ウ二国間では、一九九四年三月、「ウクライナにおいて削減される核兵器の廃棄に係る協力及びこの協力のための委員会の設置に関する日本国政府とウクライナ政府との間の協定」が締結された。日本から一六〇〇万ドルの支援が約束された。[9] この金額は日本が一九九三年および一九九九年に旧ソ連核保有四か国における核廃絶のために供与した二億ドルの一部であった。[10]

日・ウクライナ核兵器廃棄協力委員会のロゴマーク。「日本国民からウクライナの友人達へ　我々の友好と世界平和を強固にするため」と書かれている。

上記の協定に基づいて、日・ウクライナ核兵器廃棄協力委員会が設置され、日本は同委員会を通じて一九九四年から二〇一四年にかけてウクライナに対して保障措置制度の確立、その技術的基盤整備、および医療分野での機材供与を行った。

旧ソ連非核化協力技術事務局によると、まず、一九九五年から二〇〇〇年にかけて保障措置関連支援（五・三億円）が実施された。具体的には、ウクライナの関係機関（環境保護原子力安全省、キーウ原子力研究所、ハルキウ物理科学研究所、および核物質防護システムの供与（ハルキウ物理科学研究所など）への測定機材の供与である。

医療機材供与プログラムにおいては、一九九四年から二〇〇一年にかけて磁気共鳴診断装置、超音波診断装置、X線撮影装置、内視鏡、人工呼吸器、放射線量測定機器、歯科用機器、歯科用X線撮影装置等を中心とした機材の供与（一四億円）を行った。これらは国防省管轄下の二一の軍病院に供与され、九〇年代前半から半ばにかけて行われた戦略核ミサイル廃棄作業の従事者やチェルノブイリ原発の解体作業従事者の治療等に活用された。

さらに、二〇一一年から二〇一四年にかけてハルキウ物理技術研究所に対して核セキュリティ強化のための支援（一億七三〇〇万円）が行われた。ハルキウ物理技術研究所は、一九九八年から国際原子力機関（IAEA）保障措置下にある、ウクライナ最大の核・放射線研究に関する研究機関である。二〇〇二年のカナナスキス・サミットで採択された「大量破壊兵器および物質の拡散に対するG8グローバル・パートナーシップ」の一環でもあるこのプロジェクトに対して、日本は、ソ連時代から研究所内に保管されているバルク状核物質の特定のための質量分析システム構築、テロ等の新たな脅威に対抗するための外周防護システム強化に協力した。[11]

二〇一八年九月、「ウクライナにおいて削減される核兵器の廃棄に係る協力およびこの協力のための委員会の設置に関する日本国政府とウクライナ政府との間の協定」の失効に伴い、日・ウクライナ核兵器廃棄協力委員会は解散した。日本によるウクライナに対する核兵器の廃棄に係る援助の合計金額は二一億三〇〇〇万円となった。

関連国への日本の支援

日本のカザフスタンへの非核化支援としては、一九九九年まで保障措置関連支援、病院医療支援、遠隔医療診断システム支援などのプロジェクトが行われた。二〇〇六年八月に小泉総理によるカザフスタン訪問の際に日・カザフスタン両国政府は「原子力の平和的利用の分野における協力の促進に関する日本国政府とカザフスタン共和国政府との間の覚書」に署名した。同覚書は、今後、両国が原子力協力を促進していくために「カザフスタンの核不拡散、核物質防護および計量管理体制の整備」が重要であることを確認した。その覚書のフォローアップとして調査団をカザフスタンに派遣し、日・カザフスタン核兵器廃棄協力委員会はカザフスタン政府との間で協力の早期実現に向けての準備を開始した。二〇一一年から二〇一五年にかけて日本はカザフスタンに対して核セキュリティ強化のための支援を提供した。[12]

また、ロシアは、核保有国で日本の隣国であるため、カザフスタンとは異なるプロジェクトが行われた。

ロシアの極東地域には放射性廃棄物処理施設が不足していたため、一九九三年に放射性廃棄物を日本海にそのまま投棄したことが明らかになり、日本海の環境汚染が大いに危惧された。この事態を受けて原子力潜水艦の解体作業から生じる低レベルの液体放射性廃棄物を安全に処理するために、日本はロシアに対し、二〇〇一年に浮体構造型の洋上処理施設「すずらん」を供与した。さらに、ロシア退役原潜解体協力事業「希望の星」が二〇〇三年から二〇〇九年にかけて行われたほか、原子炉区画陸上保管施設建設、原子炉区画ブラスト・塗装施設、放射性廃棄物処理・長期保管リージョナルセンター建設への協力が進められた[13]。

最後にベラルーシに関しては、一九九〇年代、保障措置関連支援に加えて退役軍人再訓練センターに機材を供与し、二〇一〇年代にはベラルーシ国境核・放射性物質不法移転防止支援が実行された。日・ベラルーシ核不拡散協力委員会は二〇一五年一月に解散した[14]。

第2節　チェルノブイリ関連支援

史上最悪の原発事故

一九八六年四月二六日、旧ソ連ウクライナ共和国の首都キーウの北方一一〇キロメートルを流れるプリピャチ川付近で、チェルノブイリ原発四号炉が爆発し、史上最悪の原発事故が発生した。国際原子力機関

（ＩＡＥＡ）の試算によれば、爆発によって放出された放射性物質の量は広島に投下された原爆の四〇〇倍になるという。[15] 国際原子力事象評価尺度[16]ではレベル７の「深刻な事故」に分類された。放射性物質はヨーロッパを中心に広く飛散し、およそ二五〇〇キロメートル離れたアイルランドにも到達した。最も影響を受けた国は、ウクライナ、ベラルーシ、ロシアである。事故の原因に関しては、原発の設計上の問題点、運転員の規則違反、運転管理上の問題が指摘されている。

チェルノブイリ原発事故により多数の被爆者が出たため、当時のソ連政府は半径三〇キロ圏内の一一万五〇〇〇人[17]を避難させた。チェルノブイリ原発から放出されたセシウム１３７の半減期は約三〇年とされており、二六〇〇平方キロメートル（東京都の面積の約一・二倍）に及ぶチェルノブイリ立入禁止区域の中には放射能レベルの高い「ホットスポット」と呼ばれる地域がまだ残っているため、現在も住民の帰還は困難になっている。

チェルノブイリ立入禁止区域にあるかつての5つ星ホテル。photo：unsplash

チェルノブイリの現在

チェルノブイリ立入禁止区域を管理しているウクライナの立入禁止区域管理庁は、二〇二〇年に今後の発展に関する戦略（二〇二一年−二〇三〇年）を発表し[18]、同区域における研究の実施、特別な産業領域の設定、非核廃棄物の処理と利用のための企業の配置、放射性廃棄物関連設備の建設・管理、原子力に関連する産業開発、再生可能エネルギー施設の配置、水素エネルギーの開発、国際生物圏保護区の設立などを計画している。再生可能エネルギー施設に関しては、二〇一八年にウクライナのエネルギー企業ロディナとドイツのエネルギー企業エナーパーク（Enerparc AG）が合弁で太陽光発電所「ソーラー・チェルノブイリ」を建設し、すでにウクライナの電力網に電力を供給している[19]。

プリピャチ遊園地の観覧車。photo：unsplash

興味深いことに、立入禁止区域には、オオカミ、鹿、ビーバー、イノシシといった野生動物が、数・種類とも徐々に増えており、一九九八年に科学者によって持ち込まれたプルジェヴァリスキー馬（モウコノウマ）も、その地で繁殖していることが確認された。

さらに、チェルノブイリ原発事故の避難区域への観光も進められており、旅行代理店が日帰りツアーを催行している。原子炉跡地やプリピャチの遊園地の観覧車は、最も人気があるスポットである。ウクライナ文化情報政策省によると、二〇一九年には一二万人[20]、二〇二〇年には三万六五〇〇人、二〇二一年には七万三〇〇〇人[21]がチェルノブイリを訪れ、ウクライナのユニークな観光スポットとなった。オレクサンドル・トカチェンコ・ウクライナ文化情報政策大臣は、チェルノブイリ立入禁止区域内のスポットをユネスコ世界遺産にすべく動き始めている。

多岐にわたる日本のチェルノブイリ関連援助

日本によるチェルノブイリ関連の援助を見てみよう。

第一に、チェルノブイリ原発事故を受けて、日本は原子力安全管理レベルの向上を図るため、一九九二年から一〇年計画で旧ソ連や東欧等の原子力発電関係者を招き、原子力発電所運転管理等国際研修事業（通称「千人研修」）を実施した。「千人研修」は海外電力調査会と通商産業省の主催で実施され、一九九二年から二〇〇二年にかけて一四一二人の研修生を受け入れた[22]。

第二に、日本はチェルノブイリ原子力発電所事故の被災者への医薬品・医療機器の供与等を実行し、人道支援として二七億円を提供した。

第三に、日本は旧ソ連・東欧地域の原子力安全性支援のために、一九九三年に欧州復興開発銀行に開設された「原子力安全基金」に対し、仏、独、米、英に次ぐ三一〇〇万ドルを拠出した（二〇〇〇年時点[23]）。この支援によってチェルノブイリ原発一―三号炉の使用済核燃料を中間貯蔵するための施設が建設され、二〇二一年に稼働を開始した。

第四に、日本は「チェルノブイリ・シェルター基金」に大きく貢献した。「チェルノブイリ・シェルター基金」とは、一九八六年の事故

ドーム状の新石棺によって覆われたチェルノブイリ原発4号炉と手前に建つモニュメント。
photo:JICA／久野真一

直後に急造された四号炉のシェルター（石棺）が老朽化してきたため、これを補強し新石棺を建設するために一九九七年に欧州復興開発銀行内に設けられたものである。石棺の建設を含むプロジェクトの総費用は二七億米ドルで、一九億米ドルが「チェルノブイリ・シェルター基金」によって提供された。[24] シェルター基金のドナー上位一〇か国には、EU、欧州復興開発銀行、米国、フランス、ドイツ、ウクライナ、英国、日本、イタリア、ロシアが入っている。[25] 日本は一億一七三〇万ドル[26]を拠出した。新石棺は二〇一六年に完工し、二〇一九年に運用が開始された。

第五に、日本は国際チェルノブイリ・センターを通じた科学技術研究を奨励してきた。一九九八年から二〇〇二年にかけて文部科学省および原子力安全研究協会に対して約一二一万ドルの支援が行われ、[27] チェルノブイリに関する研究が推進された。

第六に、チェルノブイリ関連プロジェクトの一環として新たに登場したのは、草の根・人間の安全保障無償資金協力（以下、草の根無償）である。もともと草の根無償は、開発途上国の多様なニーズに応えるために一九八九年に導入された制度である。それは開発途上国の地方公共団体、教育・医療機関、並びに途上国で活動している国際およびローカルNGO等が現地で実施する一〇〇〇万円以下のプロジェクトに対して資金協力を行うことを目的としている。[28]

草の根無償は二〇〇二年にウクライナに導入され、二〇一八年までそれを通じてチェルノブイリ関連プロジェクト、医療機材供与および学校の改修等に合計九一一万六五四一ドルの資金を供与した。こうしたプロジェクトには、スラウチチ市民相談センター設立計画（二〇〇二年、六万七七二二ドル）、キーウ市におけるチェルノブイリ被害者および社会的弱者のための医療環境改善計画（二〇〇九年、九万六七四九ドル）、チェルノブイリ被害者のためのスタヴィシチェ地区中央病院医療機材改善計画（二〇一〇年、七万九九六五ドル）、チェルノブイリ原発事故放射能汚染地域オレウシク地区における医療環境改善計画（二〇一一年、一〇万八七三三ドル）、チェルノブイリ汚染地域ジトーミル州オウルチおよびナロジチ地区中央病院医療機器改善計画（二〇一八年、七万五三五三ドル）などがある。[29]

専門家および研究者による交流については、ウクライナ人エネルギー専門家に対する再教育コースが海外電力調査会（ＪＥＰＩＣ）の支援および経済産業省の財政支援によって実施され、ウクライナの原子力発電所からの専門家が参加している。二〇一三年までにこうした日本でのセミナーで学んだウクライナ人専門家は一八〇名を超えている。[30] 同時に、ＪＥＰＩＣはウクライナ原子力規制国家委員会および国営原子力企業「エネルゴアトム」と協力し、ウクライナ原子力発電所に専門家を定期派遣し、原子力の安全性を中心としたワークショップに参加している。

さらに、長崎大学医学部（原研病理）は、国立ウクライナ医学アカデミーＶ・Ｐ・コミサレンコ内分泌代謝研究所、国立ウクライナ医学アカデミー放射線医学研究所およびウクライナ放射線防護研究所と学術交流協定を締結し[31]、チェルノブイリ原子力発電所事故の医学的な後遺症について多次元プログラムでの研究を行い、大きく貢献している。

第3節　東日本大震災の日ウ関係への影響

ウクライナからの支援

続いて、二〇一一年三月一一日に起きた東日本大震災の日ウ関係への影響およびウクライナによる日本への支援を考察してみよう。

まず、ウクライナによる支援については、三月二六日にフランス政府の依頼で、ウクライナが誇る世界最大の輸送機「An-225 ムリーヤ」が総重量一四五トンの発電機や機器などの人道物資を日本へ納入した。また、ウクライナは治療およびリハビリテーションのため、二五〇人の日本人の子どもをクリミア半島にある国際児童センター「アルテック（Artek）」へ受け入れることを提案した。[32] さらに、クリニチ駐日ウクライナ大使は福島市を訪れて、田嶋要経済産業大臣政務官にウクライナからの人道支援を申し入れた。個人線量計（一〇〇〇個）、放射計（一〇〇〇個）、防毒マスク（一〇〇〇個）を含む人道物資は、日本政府の公式の依頼をもとに八月四日に成田空港で納入された。[33]

核の悲劇の共通経験により人的交流が活発化

東日本大震災による日ウ協力への経済的影響は、それほど大きくなかった。たとえば、日本では復興に向けた補正予算が数回採択され、第一次補正予算の財源捻出のため、当初予算に計上していた政府開発援助（ODA）は削減を余儀なくされた。それによりウクライナで実施される小型のODAプロジェクトは影響を受けたものの、ボリスポリ空港拡張事業は予定通りに行われており、新たなプロジェクトの開始の交渉も進んでいた。核の悲劇を経験した日本とウクライナはさらに一致団結して原子力安全の問題に取り組むようになり、政府関係者および民間人による交流が活発になった。

二〇一一年四月、ウクライナで原子力サミットが開催され、日本側より高橋千秋外務副大臣および篠原孝農林水産副大臣が出席した。高橋外務副大臣は演説の中で、福島第一原発事故の経緯を説明し、その国際原子力事象評価尺度（INES）はレベル7に分類されるものの、事故の内容はチェルノブイリとは異なることに触れた。第一に、チェルノブイリでは原子炉そのものが爆発したのに対し、福島原発事故では、原子炉は自動停止し、大規模な火災は発生しておらず、放射性物質の放出も限定的であること、第二に、放出された放射性物質の総量はチェルノブイリ事故よりはるかに少ないと試算されていること、第三に、福島原発事故では、放射線障害による死者は出ておらず、周辺住民の中に放射線による健康被害を受けた者もいないことであった。[34]

また、二〇一一年九月から一〇月にかけて、横路孝弘衆議院議長、高山智司環境大臣政務官、衆議院議院運営委員会代表団（小平忠正委員長）、衆議院災害復興特別委員会代表団（古賀理事）および森裕子文部科学副大臣がウクライナを訪れた。[35] 二〇一一年一〇月、在ウクライナ日本国大使館はスタッフを増やし、日本側に役立つ情報を収集することになった。[36]

二〇一二年五月、来日中のヴィクトル・バローハ・ウクライナ非常事態大臣は玄葉光一郎外務大臣と「原子力発電所における事故へのその後の対応を推進するための協力に関する日本国政府とウクライナ政府との間の協定」に署名した。[37] これにより、原子力発電所の事故後の対応を促進する協力分野および協力方法を定め、その効果的な実施のための合同委員会の設置などについて合意がなされた。

これを受けて、日ウクライナ原発事故後協力合同委員会が発足した。そのミーティングが二〇一二年、二〇一三年、二〇一五年、二〇一六年および二〇一七年に開催され、参加者は被災地域の復興に向けた取り組み、廃炉に向けた取り組みおよび原子力安全の向上、放射線管理および除染、環境モニタリングおよび安全研究、大規模な原発事故の影響における人道的側面、福島・チェルノブイリ協力の現状と展望などについて意見交換を行った。[38]

学術交流の促進

学術交流も積極的に促進されるようになり、二〇一一年〜二〇一二年には福島当局、日本原子力産業協会、福島テレビ、関西テレビ、福島第一原発、文部科学省などの関係者がウクライナを訪問した。また、

福島大学環境放射能研究所関係者によるキーウ訪問、2015年。photo：マーク・ジェレズニヤク福島大学環境放射能研究所特任教授提供

二〇人のウクライナ出身の専門家が経験の共有のために日本を訪れた。[39] 二〇一三年から二〇一六年にかけては、キーウ国立工科大学、ウクライナ国立戦略研究機構（NISS）、オデーサ国立環境大学、オデーサ国立工科大学で原発事故に関わるさまざまな分野における研究をテーマにした会議が行われ、日本からは福島大学、東北大学および名古屋大学の関係者が参加した。

二〇一七年、地球規模課題対応国際科学技術協力プログラム（Science and Technology Research Partnership for Sustainable Development—SATREPS）の枠組みで五年間のプロジェクト「チェルノブイリ災害後の環境管理支援技術の確立」が実施された。[40] SATREPSとは、科学技術振興機構（JST）、日本医療研究開発機構（AMED）、国際協力機構（JICA）が共同で実施している、開発途上国の研究者が共同で研究を行う三—五年間の研究プログラムとなっている。[41]

上記の福島とチェルノブイリを結ぶ国際共同研究プロジェクトの主な参加機関はウクライナの国営特殊企業エコセンター（ECOCENTRE）および福島第一原発の事故を契機として二〇一三年に設立された福島大

SATREPSの枠組みでチェルノブイリ立入制限地区の環境管理技術に関する日ウ共同研究を実施。写真は立入禁止区域のチェックポイント。photo：JICA／久野真一

学環境放射能研究所である。同研究所によると、研究課題の概要は、「原子力災害からの復興途上にあるチェルノブイリ周辺地域を対象として、福島で得た環境放射能に関する科学的知見を活用し、当該地域の環境回復技術および法体制の確立に貢献することを目的とする」[42]としている。

福島大学環境放射能研究所所長の難波謙二教授は、「この国際共同プロジェクトでは、両国で積み重ねたさまざまな研究成果がウクライナ政府の政策決定につなげられることが目標です。チョルノービリと福島を比較研究することで、これまで分からなかった事象の解明や福島の未来を予測する手がかりとすることも期待されています。今後もチョルノービリと福島の原発事故から得られた教訓や科学的知見をウクライナと日本とで協力しながら両国内だけでなく、世界へ発信していきたいです」と語っている。[43] このプロジェクトは、同研究所のウクライナ人研究者マーク・ジェレズニヤク氏およびヴァシル・ヨシェンコ氏の努力によって支えられている。

福島大学環境放射能研究所のマーク・ジェレズニヤク特任教授(右より2人目)と共同研究者。photo:マーク・ジェレズニヤク特任教授提供

二〇一八年五月、福島大学環境放射能研究所は、「チェルノブイリと福島の環境放射能の課題と原子力災害後の避難区域に関する比較分析」をテーマとしたSATREPSシンポジウムを開催し、ウクライナ環境・天然資源省のオスタップ・セメラーク大臣をはじめとした政府高官並びにSATREPSプロジェクトのウクライナ共同研究者らが参加した。このシンポジウムは、日本とウクライナの行政・研究関

係者が福島の原発事故後に試した新たな実験や分析の手法など、研究成果情報の共有を目的としたものである。セメラーク大臣は内堀雅雄・福島県知事と会談を行い、ウクライナ政府と福島大学環境放射能研究所との共同研究を踏まえ、行政間でも連携を深めていく方向を確認した。また、郡山市の産業技術総合研究所（産総研）福島再生可能エネルギー研究所を視察した。[44]

二〇一九年九月、福島大学とウクライナの国家戦略研究所は、チェルノブイリ立入制限区域における放射線管理に関し、科学技術協力覚書に署名し、「国家立入制限区域管理庁のサポートにて、ウクライナと日本は、放射線・環境管理・予想の協力を拡大する。ウクライナと日本の研究者は、立入制限区域の環境システムの放射線による汚染を分析し、得られたデータにより、その領域の最適な区分と再生に関する勧告を作成していくことになる」[45]ことを明らかにした。福島大学と戦略研究所の科学技術協力はＳＡＴＲＥＰＳにより実施される。

二〇二一年は、東日本大震災一〇周年およびチェルノブイリ原発事故三五周年という節目の年であった。日本原子力産業協会によると、二〇二一年一月一日現在、世界の運転中の原子力発電所は四三四基、建設中は五九基、計画中は八二基となっている。[46]日本では二〇二一年一月現在、活用可能な原子炉は三三基あるが、福島第一原子力発電所の事故後、全炉が停止され、その後再稼働したのは九基である。[47]ウクライナに関しては、四か所の原子力発電所で原子炉一五基が運転中であり、ウクライナのエネルギーのおよそ五割を提供している。[48]こうした現状を踏まえて、ウクライナと日本が互いに助け合うだけでなく、原発の安全性、事故防止および原発事故の処理についての知識を全世界の次世代に伝えていくことが非常に大切である。

第4節　国連における協力および北朝鮮問題

核軍縮・不拡散、原子力安全利用

国連における日ウ協力分野では、まず核軍縮・不拡散および原子力安全を見てみよう。両国は、核兵器不拡散条約（ＮＰＴ）の非核兵器国として核兵器の製造や取得等を行わない義務を負っている。日本は一九五五年の原子力基本法により、日本の原子力活動を平和目的に厳しく限定し、一九六七年、当時の佐藤栄作総理大臣が「（核兵器は）持たず、作らず、持ち込ませず」という非核三原則を提唱し、一九七一年の国会で採択された。ウクライナは一九九四年に核軍縮に関する三か国声明に署名することによって自主的に核兵器保有権を放棄した。以上のような共通の政策をもとに、両国は核軍縮・核不拡散に関する決議を支持してきた。原子力安全については、日本はチェルノブイリ関連の国連決議等において共同提案国となっている。

原子力民生利用の先進国であり、かつ唯一の戦争被爆国である日本は、世界の核軍縮や核不拡散分野において大きく貢献している。具体的には、日本は一九九四年以降[49]、毎年、核廃絶に向けた決議案を国連に提出し、核兵器のない世界の実現に向けて尽力している。この決議案は、国際的な緊張緩和等を通じ、核兵器廃絶を最終的な目標とすること、第六条を含むＮＰＴの完全・着実な履行にコミットしていることを再確認すること、さらに北朝鮮に対し、ＮＰＴ上の義務の遵守への早期復帰を要請している。二〇二一年一二月七日、ニューヨークで行われた国連総会本会議において、日本が提出した「核兵器のない世界に向けた共同行動の指針と未来志向の対話」の決議案が、ウクライナを含めた一五八か国の支持を得て採択された。中国、北朝鮮、ロシア、シリアが反対に投じ、二七か国が棄権した。[50]

北朝鮮問題における協力

日本にとって安全保障上の最も大きな問題となっているのは、北朝鮮の核・ミサイルプログラムである。令和三年版の『防衛白書』によれば、「北朝鮮は、近年、前例のない頻度で弾道ミサイルの発射を行い、同時発射能力や奇襲的攻撃能力などを急速に強化してきた。また、核実験を通じた技術的成熟などを踏まえれば、弾道ミサイルに搭載するための核兵器の小型化・弾頭化を既に実現」しているとみられる。こうした動きは、日本の安全に対して多大な脅威を与えるだけでなく、国際社会の平和と安全を損なうものであり、大量破壊兵器などの不拡散の観点からも、国際社会全体にとって深刻な課題となっている。

ウクライナは北朝鮮の核・ミサイルプログラムを批判し、日本の立場をサポートしている。ウクライナの歴代大統領（ユーシチェンコ、ヤヌコヴィッチ、ポロシェンコおよびゼレンスキー現大統領）の日本訪問の際、首脳レベルの会談で北朝鮮問題が取り上げられ、ウクライナは朝鮮半島の非核化を提唱し、北朝鮮による日本人拉致問題解決に向けた日本の政策を支持した。また、二〇一六年にウクライナと日本は国連安保理の非常任理事国になり、国連において北朝鮮の核の問題に積極的に取り組んできた。

第5節　その他の科学技術協力

日本とウクライナ間では、一九七三年の「科学技術協力に関する日本国政府とソヴィエト社会主義共和国連邦との間の協定」が承継されている。また、ウクライナ科学技術センター（STCU）、国際チェルノブイリセンター（ICC）等を通じた科学技術分野における協力が進められてきた。

日・ウクライナ科学技術協力委員会

二〇〇五年七月のユーシチェンコ・ウクライナ大統領訪日時に小泉総理との間で署名された「日本国とウクライナの間の二一世紀における新たなパートナーシップに関する共同声明」において、科学技術分野における二国間協力の意向が確認され、同時に発出された「科学技術協力に関する日・ウクライナ共同記者発表」において、日・ウクライナ科学技術協力委員会を開催することが表明された。

二〇〇六年二月一五日、キーウにて第一回日・ウクライナ科学技術協力委員会会合が開催された。会合では両国ともに共同プロジェクトへの関心を示し、ワークショップの開催、科学者や専門家による定期的な情報交換、研究プロジェクトについて意見交換が行われた。そして、材料科学、ナノテクノロジー、情報技術、バイオテクノロジーおよび放射線医学を含むライフサイエンス、省エネルギー技術等が優先分野として指摘された。

二〇一一年一一月一七日、日・ウクライナ科学技術協力委員会第二回会合が東京において開催された。ウクライナからはボリス・フリニョウ科学イノベーション情報化庁第一副長官のほか、科学アカデミー関係者等が出席した。日本側は、渡部和男科学技術協力担当大使のほか、外務省、文科省ほかの関係機関が出席し、両国の科学技術政策の紹介、両国間の科学技術協力の現状と今後の方向性等について議論が行われた。

二〇一三年一二月六日、キーウにおいて第三回日・ウクライナ科学技術協力委員会会合が開催された。会合の中で、宇宙、高エネルギー物理学、バイオテクノロジー、物質科学、ナノテクノロジーなどの分野について、現在の協力や将来的な研究の可能性等に関するプレゼンテーションが行われた。ウクライナからはフリニョウ国家科学イノベーション情報化庁第一副長官、日本からは坂田東一駐ウクライナ大使が代表参加し、二国間の科学技術協力の発展に期待が示された。[51]

キーウのウクライナ日本センター

二国間関係において最も重要な技術協力プロジェクトの一つであるウクライナ日本センターについてコ

メントしたい。二〇〇六年五月、ウクライナと日本の政府協定に基づき、ウクライナ日本人材開発センターがＪＩＣＡのプロジェクトによって設立された。日本センターは、市場経済移行国における「顔の見える援助」として、またビジネス人材育成と日本との人脈形成の拠点として構想され、二〇〇〇年より順次開設された。ウクライナのほかに、カンボジア、ベトナム、ミャンマー、ラオス、モンゴル、ウズベキスタン、キルギスおよびカザフスタンに設置されている。[52]

ウクライナ日本センターは、キーウ国立工科大学内にオープンし、「ウクライナの経済成長に資する人材の育成」および「ウクライナ・日本両国の社会・経済・文化面における交流関係促進」を目的としている。同センターでは、投資、貿易開発、科学、工業、政府機関協力などに関するビジネスワークショップが開催されてきた。ＪＩＣＡによるウクライナ日本センターへの支援は、二〇一一年五月で終了したが、現在も国際交流基金による日本語講座等、センターの活動が継続されている。[53]

ウクライナ日本センターで開かれた文化イベント。
photo:ウクライナ日本センター提供

航空・宇宙分野での協力

ウクライナは農業国として知られているが、歴史的に技術ポテンシャルも非常に高い。

第一に、航空機の製造である。キーウ出身のイーホル・シコルシキーは、ロシア革命後に米国に亡命し、シコルシキー・エアクラフトを創立した。シコルシキー氏が開発した近代的なヘリコプターは世界各地で利用され、日本の自衛隊も採用している。また、ウクライナの最も有名な宇宙開発者であるセルヒー・コロリョウ氏[54]はジトーミル市で生まれ、イーホル・シコルシキー・キーウ工科大学で教育を受けた。一九四六年、現在のロシアのＳ・Ｐ・コロリョウ・ロケット＆スペース・コーポレーション・エネルギアとして知られるコロリョウ設計局を設立し、一九六二年に大型宇宙船ソユーズを設計した。ソユーズは、国際宇宙ステーション（ＩＳＳ）へのアクセスのために今も使用されている有人宇宙船であり、日本人の秋山豊寛氏（一九九〇年）、若田光一氏（二〇〇九年）、野口聡一氏（二〇〇九年）および古川聡氏（二〇一一年）が搭乗した際には宇宙でのウクライナ人と日本人の接触もあった。独立後のウクライナ初の宇宙飛行士であるレオニード・カデニューク氏は、日本人宇宙飛行士として初めて船外活動を行った土井隆雄氏とともにスペースシャトル・コロンビア号によるＳＴＳ―８９ミッションに参加した。

第二に、ウクライナのアントノウ設計局（現・ＡＮＴＫアントノウ）は、世界最大の輸送機「An-225 ムリーヤ」を製造した。日本へは二〇一〇年二月にハイチ大地震復興支援を目的とした防衛省のチャーターで成田空港に最初に飛来した。二〇一一年三月の東日本大震災の際は、フランス政府のチャーターにより救援物資運搬のために成田空

世界最大の輸送機「An-225 ムリーヤ」。人道支援のため日本にも何度か飛来したが、2022年2月、ロシア軍の攻撃により破損した。

港に飛来している。さらに二〇二〇年五月には、新型コロナウィルス関連の医療物資の輸送に伴い、中部国際空港に飛来した。[55]

第三に、ソ連時代にウクライナは、宇宙開発において重要な役割を果たしてきた。東ウクライナに位置するユージュノエ設計局（ウクライナ語は「ピウデンエ設計局」）はソビエトの大陸間弾道ミサイルを生産してきたが、現在は人工衛星やロケットを開発している。ユージュノエ設計局が開発した大陸間弾道ミサイル「SS-18」を衛星打ち上げ用に改造した「ドニエプル」ロケットは、日本が参加したプロジェクトにも利用されている。二〇〇五年八月、日本の宇宙航空研究開発機構（JAXA）の光通信実験衛星がカザフスタンのバイコヌール宇宙基地からドニエプルロケットで打ち上げられた。[56]また、二〇一四年、東京大学やウクライナ宇宙庁を始めとする関係機関が進める「福島・チェルノブイリ周辺環境の国際共同モニタリング」の一環として、日本の超小型観測衛星「ほどよし3号・4号」がドニエプルロケットで打ち上げられた。この共同モニタリングプロジェクトは、衛星による画像を利用して、広範囲にわたる災害・復興の状況を観測するもので、今後、長期間にわたり高度な解析が行われていく予定である。[57]

協力分野の拡大と相互協力の発展

日本とウクライナの科学協力は、徐々に発展しつつある。二〇一三年七月、野依良治理化学研究所（理研）理事長がウクライナを訪問した。[58]理研は一九九四年から二〇一六年までに六五人のウクライナからの研究員を受け入れ[59]、二〇一三年から二〇一九年にかけてはウクライナ国立工科大学をパートナーとして放射光科学分野での協力を行った。[60]

二〇一三年一〇月、科学技術振興機構(JST)の中村道治理事長(当時)は、ウクライナのオデーサを訪問し、オデーサ工科大学で開催された日ウクライナ技術移転会議に出席し、[61] 関係機関の訪問や科学技術交流に関する意見交換などを行った。また、二〇一三年、日本学術振興会(JSPS)はウクライナ国立基礎科学研究財団(SFFR)と覚書を締結し、[62] 二〇一六年から二〇一八年にかけてウクライナとの共同研究プログラム「福島およびチェルノブイル事故後の汚染海底堆積物と海洋環境間の放射性物質の相互移行」(福島大学・環境放射能研究所)[63] および「セキュリティー診断機器に向けた高エネルギー分解半導体放射線検出システム」(静岡大学・電子工学研究所)[64] を支援した。

二〇一三年三月、科学技術と人類の未来に関する国際フォーラム(STSフォーラム)の尾身幸次会長がウクライナを訪問した。[65] 同年一一月、キーウ国立工科大学副学長のセルヒー・シドレンコが日本を訪問し、JICAおよび理研研究所を訪れた。[66] 二〇一六年九月、キーウ国立工科大学において日ウクライナ合同セミナー「日本との研究および日本における研究」が開催された。[67] 二〇一七年、キーウ国立工科大学およびサイエンスパーク「Kyiv polytechnics」はパナソニックウクライナとイノベーティブ・シティ「Polyteco Science City」の開発に関する覚書を締結した。[68]

政府関係者による交流では、日本からは二〇一一年一〇月、森裕子文部科学副大臣がウクライナを訪問した。ウクライナからは、二〇〇六年四月、スタニスラウ・ニコラエンコ教育科学大臣、二〇一八年一〇月、リリア・フリネヴィッチ教育・科学大臣が日本を訪問した。[69] フリネヴィッチ大臣は京都で行われたS

ＴＳフォーラムに参加し、また、柴山昌彦文部科学大臣を表敬訪問した。その会談の中で、双方は、福島大学とウクライナの研究機関との共同研究をはじめ、ＪＳＴやＪＳＰＳ等の研究支援機関を通じた日・ウクライナ間の科学技術交流について意見交換し、より発展的な協力関係を構築することで一致した[70]。

近年話題となっている水素エネルギーの利用について、二〇二〇年一〇月、クレバ・ウクライナ外務大臣のアドバイザー、ウクライナエネルギー省、二〇一八年に創立されたウクライナ水素協議会（Ukrainian Hydrogen Council）のオレクサンドル・レプキン会長、株式会社フレイン・エナジー、双日株式会社およびウクライナの水素エネルギー関連企業との間でオンライン会議が行われ、水素エネルギーの利用に関わる日ウ協力が討議された。二〇二〇年一二月、Hydrogen Ukraine LLC、双日株式会社、フレイン・エナジーの間で秘密保持契約の署名が行われた[71]。

以上のように、ウクライナと日本の科学技術協力はウクライナの非核化およびチェルノブイリプロジェクトを中心として行われてきた。しかし福島第一原発事故以降、それまで日本からの一方向であった支援は相互協力へと発展し、ウクライナの専門家は経験を日本側と共有し始めた。そのほかの科学技術交流も、日本の技術能力とウクライナのポテンシャルを考えると、さらに発展の余地があり、一九七三年の「科学技術協力に関する日本国政府とソヴィエト社会主義共和国連邦との間の協定」も時代に合わせた更新が望まれる。

第6章

文化・スポーツ・人道関係

前頁扉写真＝「キエフ・バレエ」2019-20年
来日公演より『白鳥の湖』の一場面。
E・フィリピエワ、N・スホルコウ主演、M・ジャジューラ指揮、
ウクライナ国立歌劇場管弦楽団。
photo：瀬戸秀美

第1節　バレエ、舞踊と音楽

ウクライナと日本の文化交流は、両国における文化行事の開催によって発展してきた。その中で、音楽とバレエは特に重要な位置を占めている。北岡伸一ＪＩＣＡ理事長（二〇二二年四月よりＪＩＣＡ特別顧問）は著書『世界地図を読み直す　協力と均衡の地政学』（新潮選書、二〇一九年刊）の中でウクライナを文化大国と呼び、ウクライナ国立歌劇場について「キーウには大型ではないが、立派なオペラ・ハウスがある。ウクライナのオペラは日本にも何度もやってきている。バレエはもっと有名である[1]」と書いている。ウクライナでは、キーウ、オデーサとリヴィウに国立歌劇場があり、そのほか公立のアカデミック歌劇場がドニプロ、ドネツクおよびハルキウに、そして市立アカデミック歌劇場がキーウにある。

リヴィウの国立歌劇場。photo：unsplash

キーウの国立歌劇場

民音によるウクライナ音楽芸術の紹介

日本へのウクライナのオペラ歌手の紹介は一九九〇年に始まった。ウィーン音楽芸術アカデミーの講師で、ミラノ・スカラ座やニューヨークのメトロポリタン歌劇場などでも活躍しているウクライナ出身のソプラノのヴィクトリア・ルキヤネツィ氏は、一九九〇年に民主音楽協会(民音)主催の東京国際音楽コンクール(声楽の部)で入賞した。一九九三年に民音の協力でオデーサオペラハウスのテノール歌手、オレクシー・レプチンシキー氏が来日し、ガラコンサートを行った。レプチンシキー氏は民音の招待で一九九三年から二〇〇一年にかけて日本で六回演奏した。ルキヤネツィ氏は二〇一二年と二〇一四年に日本でコンサートを開催した。さらに、民音は二〇〇〇年と二〇〇三年にホパーク(コサックダンス)で有名なウクライナ伝統舞踊の最高峰パウロ・ヴィールシキー記念ウクライナ国立民族舞踊団の日本ツアーを主催、日本におけるウクライナ文化の普及のために努力してきた。[2]

ウクライナ人オペラ歌手ヴィクトリア・ルキヤネツィが民音の声楽コンクールで入賞、1990年。
photo:Min-On Concert Association提供

光藍社のウクライナ国立歌劇場来日公演

バレエやクラシックコンサートの企画・制作・運営会社である光藍社[3]は、ウクライナ国立歌劇場(キエフ・バレエ、キエフ・オペラ、ウクライナ国立歌劇場管弦楽団)を定期的に招聘し、これまでに開催したバレエ、オペラ、オーケストラの来日公演数は合計五二七公演(二〇二二年八月現在)という素晴らしい実績を残している。

キエフ・オペラは、二〇〇六年に日本で開催されたウクライナ文化月間に際して、ウクライナ独立後初めて来日公演を行った。

キエフ・バレエは一九七二年に初来日し、二〇〇七年一一月以降は光藍社の招聘により冬の全幕公演や夏の子ども向けバレエ公演を行っている。二〇二二年七月〜八月には、同年二月のロシアによるウクライナ侵攻後初の海外ツアーとして、「キエフ・バレエ・ガラ2022」全二〇公演が全国一六都市で開催された。ウクライナの戦禍が続く中、この来日公演ツアーは中止が検討されていたが、ヨーロッパをはじめ世界各国に避難して活動を続けているダンサーたちからの「ぜひ日本公演を行ってほしい」との要望により、開催が実現したという。

なお、日本の観客に長年親しまれてきたウクライナ国立歌劇場の来日公演名「キエフ・バレエ」「キエフ・オペラ」を、二〇二二年冬の公演から「ウクライナ国立バレエ」「ウクライナ国立歌劇場」に改称、来日公演オーケストラ名称は従来どおり「ウクライナ国立歌劇場管弦楽団」とすることが光藍社より発表されている。[4]

ウクライナ国立歌劇場管弦楽団による日本ツアーは二〇一〇年に始まり、「クリスマス・スペシャル・クラシックス」や「第九」などの新たな公演

「キエフ・バレエ」2019-20年来日公演より『白鳥の湖』の一場面。photo：瀬戸秀美

「キエフ・オペラ」2010年来日公演より『トゥーランドット』の一場面。photo：光藍社提供。

が開催されるようになった。二〇一七年に、劇場創立一五〇周年記念行事の一環として「ウクライナ国立歌劇場来日公演フェスティバル」を行い、二〇一八年夏には、劇場が誇る世界的なバレエダンサーであるオレーナ・フィリピエワ氏の舞踊生活三〇周年記念ガラコンサートが開催された。さらに、二〇二〇年一月、バレエ公演の中でウクライナの伝統舞踊ホパークが組み込まれ、観客のウクライナ文化への興味をかき立てた。

このように光藍社は、ウクライナの芸術を日本に紹介するとともに、劇場と協力して新しい試みを追求し、芸術普及の活動を通して広く社会に貢献している。

オデーサ歌劇場と日本人

オデーサ歌劇場も日本との関係が深い。二〇一一年から二〇一三年にかけて日本人バレエダンサーの寺田翠氏および大川航矢氏がオデーサ歌劇場バレエ団に入団しており、[5] 二〇一二年にオデーサ歌劇場が初来日したとき、日本各地で「トゥーランドット」および「イーゴリ公」を公演した。また、二〇二一年二月からボローニャ歌劇場フィルハーモニーの芸術監督である吉田裕史氏[6]は、オデーサ歌劇場首席客演指揮者に就任した。

特筆すべきことは、日本がウクライナのオペラ・バレエ劇場、芸術学校、音楽学校等に対して無償資金協力を提供していることである。ウクライナ独立後、

オデーサの国立歌劇場。photo:unsplash

ウクライナ国立フィルハーモニー、リヴィウ・オペラ・バレエ劇場、リセンコ記念ハルキウ国立オペラ・バレエ劇場、ドネツク歌劇場、グリエル記念国立音楽大学等で改修・機材供与等を行い、その活動を支えてきた。

寺田バレエ・アートスクールとキーウ・バレエ学校

ウクライナと日本のバレエによる文化交流に大きな役割を担っているのは、キーウ国立バレエ学校の姉妹校である寺田バレエ・アートスクール[7]である。

寺田バレエ・アートスクールは、寺田博保氏と高尾美智子氏によって、一九六〇年に創立された。一九七五年、キエフ（現・キーウ）国立バレエ学校のハリーナ・キリーロワ校長およびウクライナ国立オペラ劇場の芸術監督のロベルト・クリャービン氏との交流が始まり、両校は姉妹校の提携を結んだ。それ以降、日本の春休みを利用してキーウにおけるバレエ研修を行い、八〇〇人以上の寺田バレエスクールの生徒がウクライナを訪れた。一方、キーウ国立バレエ学校の優秀な生徒を日本に招き、本部のある京都でウクライナの有名なダンサーも参加する「日本とウクライナの若きアーティスト達」という合同公演を定期的に行っている。さらに、高尾美智子氏は二〇〇二年に京都キーウ交流の会を創立し、ウクライナとの交流を深めるために勉強会、音楽会、写真展の実施や伝統工芸、食文化の紹介を行っている。

一九八六年にチェルノブイリ原発事故が起きると、高尾美智子氏は支援物資を携えて、ウクライナ人の友人たちの無事を確認するために、交通事情がきわめて困難であったウクライナに駆けつけた。まさに困っ

寺田バレエ・アートスクールの生徒定期発表会（2021年、京都）にて、左から寺田宜弘氏、高尾美智子校長、著者、アナスタシア寺田氏。
photo:寺田バレエ・アートスクール提供

た時の友こそ真の友という言葉どおりの行動であった。ウクライナの芸術振興への寄与に対して、高尾美智子氏は二〇〇九年に日本人として初めてウクライナのプリンセス・オーリハ勲章を受章した。また、二〇一九年には長年の文化交流の功績が高く評価され、「ウクライナ文化功労章勲章」を授与された。

美智子氏の息子の寺田宜弘[8]氏は一九八七年、一一歳の時に日本人初の国費留学生としてキーウ国立バレエ学校に入学、八年間バレエを学び、卒業後はキーウバレエ団にソリストとして入団した。寺田宣弘のキーウ国立バレエ学校八年間の留学記録である『お母さん、僕は大丈夫！』（竹村明子著、文園社刊）が一九九五年に刊行された。二〇一二年にキーウ国立バレエ学校の芸術監督に就任してからは、ウクライナのバレエ発展のために尽力し、二〇一四年にキーウ国立バレエ学校初のヨーロッパ公演（ドイツ・ミュンヘンにおける「白鳥の湖」公演）などを行った。日本への思いも強く、福島原発事故が起きると、二〇一二年に東日本大震災復興支援チャリティーコンサートをウクライナ国立オペラ劇場にて開催した。こうした功績により二〇〇三年にウクライナ大統領よりウクライナ功労芸術家の称号を受け、二〇二〇年から国立文化芸術アカデミーの教授に就任した。

大阪府にもウクライナのバレエが紹介されている。枚方市に本部を置くアッコバレエスタジオ[9]の前澤厚子代表は、世界的バレエダンサーであるウクライナ国立キエフ・バレエ団のオレーナ・ポタポワ氏（ウクライナ人民芸術家）を自らのバレエ団に名誉芸術監督として招聘し、ポタポワ氏に指導、振付を仰いでいる。さらに、二〇一三年から在日ウクライナ大使館、枚方市、枚方市教育委員会、枚方市文化国際財団の後援による、オレーナ・ポタポワ氏を審査委員長とし、世界的レベルのバレエ教師、バレエダンサーを審査員に迎えた全国規模のクラシックバレエコンクールを毎年開催している。

音楽家の相互交流

作曲家のヴァレンチン・シルヴェストロウ、ピアニストのオレクシー・フリニューク、ダヴィド・オイストラフの教え子であるヴァイオリニストのオレーフ・クリサなど、ウクライナの有名な音楽家も日本を訪れている。日本を代表するピアニストの松居慶子氏およびイングリッド・フジコ・ヘミング氏はウクライナでコンサートを開催している。また、ウクライナの若い音楽家は日本のコンクールに参加しており、日本のアーティストはオデーサで開催されるエミール・ギレリス記念国際ピアノコンクールやダヴィド・オイストラフ国際ヴァイオリン・コンクールに参加している。

日本在住のウクライナ人オペラ歌手オクサーナ・ステパニュック氏。
photo:著者提供

日本在住のウクライナ人音楽家も積極的な活動を行っている。オペラ歌手のオクサーナ・ステパニュック氏[10]、デニス・ビシュニャ氏[11]、ウクライナの民族的な楽器であるバンドゥーラ奏者のカテリーナ・グジー氏、ナターシャ・グジー氏、クラリネット奏者で指揮者でもあるタラス・デムチシン氏[12]らは、ウクライナを代表して日本の各地でコンサートを開催している。

ウクライナにゆかりある日本人音楽家の活動では、ヴァイオリニストの大谷康子氏[13]はウクライナのキーウ国立フィルハーモニー交響楽団と共演を重ねている。同氏は二〇一七年、初めてウクライナを訪問し、キーウ市のリセンコホールで行われた「キーウの春音楽祭」オープニング・コンサートでキーウ国立フィルハーモニー交響楽団（指揮ミコラ・ジャジューラ氏）と共演した。日本ウクライナ芸術協会代表であるヴァイオリニストの澤田智恵氏[14]は、二〇一八年および二〇一九年にキーウ・フィルハーモニーホールにて、ヴァイオリン界の重鎮オレーフ・クリサならびに国立アンサンブル「キーウソロイスツ」と共演した。ヴォーカリストで日本ウクライナ文化交流協会芸能担当部長のOno Aki（小野彩綺[15]）氏もウクライナを何度も訪問し、二〇一八年と二〇一九年にキーウ、リヴィウなど四か所でライブ公演を行った。

2018年、東京のヴァイオリンリサイタルにて、左からオレーフ・クリサ氏、澤田智恵氏、著者。photo：著者提供

第2節　ウクライナの文化イベント

スキタイ文化の大規模展覧会

日本では、一九九〇年代からウクライナの文化財が紹介されている。一九九八年一一月から一九九九年一月にかけて、愛知県の岡崎市美術博物館にて、ウクライナ国立歴史宝物博物館の所蔵する古代スキタイ文化の資料とその後の黒海沿岸の文化を語る資料約一五〇点を展示し、その文化の内容を紹介した「ウクライナ国立歴史宝物博物館所蔵　黄金のシルクロード展―東西文明の交差を訪ねて」という展覧会が行われた。[16]

また、二〇一二年九月～一一月、大阪歴史博物館にて特別展「ウクライナの至宝―スキタイ黄金美術の煌めき―」が開催された。[17] スキタイは紀元前七～三世紀に黒海北岸を中心に勢力をもった騎馬遊牧民で、多数の黄金製品を副葬した巨大な古墳（「草原のピラミッド」と呼ばれる）を造った。黄金製品には、グリフィンやライオン、ヒョウ、シカなどが写実的に表現されており、文字を持たないスキタイの世界観を知る上でも貴重な資料となっている。

余談だが、二〇一四年にウクライナ南部のクリミア半島の四つの博物館は、収蔵していた貴重なスキタイの黄金の美術品をオランダのアムステルダムのアラード・ピアソン博物館へ、特別展示のために貸し出していた。ところがロシアによるクリミア占領により、展示後の返還先はロシアかウクライナかという問題が持ち上がった。裁判を経て、アムステルダムの裁判所は美術品の所有権がウクライナにあることを認めた[18]。ロシアによるクリミアの占領は文化財にも大きな影響を与えたことが分かる。

「日本におけるウクライナ文化月間」

二〇〇五年七月のユーシチェンコ大統領訪日時の小泉首相との合意に基づき、二〇〇六年一〇月、ウクライナのリホヴィー文化観光相がウクライナの文化大臣として初の日本訪問を行い、初めて「日本におけるウクライナ文化月間」が行われた[19]。期間中、キーウオペラの公演、オクサーナ・ステパニュックおよびナターシャ・グジーのコンサート、アンドリー・ベロウのヴァイオリンリサイタル、オレクサンドル・イヴァフネンコ絵画展ほかの文化行事が開催された。また、日本国大使館は「ウクライナにおける日本月間」を開催し、九月から一一月の三か月間にウクライナの各都市で四〇以上の日本文化紹介の催しを行った。

二〇一〇年および二〇一一年にウクライナからの代表団の一員としてクリニャク文化観光相が日本を訪問し、二国間文化関係のさらなる進展に対する意欲を表した。二〇一六年にウクライナ人

2006年「日本におけるウクライナ文化月間」で展覧会を開催した画家オレクサンドル・イヴァフネンコ氏。photo：マリア・ペウナ氏提供

グローバルフェスタJAPAN 2019でのペトリキウカ塗り体験教室。photo:著者提供

2019年11月、京都で開催されたウクライナクラシック音楽会。photo:著者提供

が京都で「ウクライナ文化祭　ウクライナの平和を祈る」イベント[20]、東京で「ウクライナ・デー」を開催した。二〇一八年に「東京におけるウクライナ・ウィーク[21]」というイベントが開催され、東京の赤坂区民センターにて日本・ウクライナ友好コンサート、ウクライナ文化紹介プレゼンテーション、短編映画「Djakuyu!」の上映、ウクライナ伝統アート体験、ウクライナ民芸品展示会が行われた。

二〇一九年には日本でさまざまな催しが行われた。まず「ウクライナ文化月間[22]」では、東京、京都、名古屋、横浜で一〇回以上のウクライナ文化紹介イベントが開催された。さらに九月に国立新美術館で行われた「第一〇四回二科展」において、ウクライナ作家との交流展が行われ、ウクライナからオレクサンドラ・スサ、マトヴィー・ヴァイスベルグ、オレシャ・ジュラエヴァ、ボフダン・ソロカ、ゾヤ・スコロパデンコ、オクサーナ・ストラチイチュックの作品が展示された。

また、音楽に関しては、同年一一月にウクライナ独立二八年を記念して東京および京都にてウクライナクラシック音楽会が開催された。公演では、リヴィウ国立音楽アカデミーに所属するピアニストのハンナ・イヴァニュシェンコとウクライナの伝統楽器ソピルカ奏者のボゼナ・コルチンシカが、ヴァイオリニストの澤田智恵氏、歌手のオクサーナ・ステパニュックと共演し、ウクライナ人作曲家の作品を演奏した。

九月にはお台場のシンボルプロムナード公園で開催されたグローバルフェスタＪＡＰＡＮ２０１９の一環としてハリーナ・ナザレンコ氏のペトリキウカ塗り体験教室が開催され、人気を博した。

一一月三〜五日、東京の文化服装学院では文化祭の一環として「ウクライナ風ファッションショー」が開催された。衣装はすべて同校の学生が制作したもので、ウクライナの伝統衣装の要素を取り入れた色とりどりの衣装が紹介された。在日ウクライナ大使館によれば、三日間でショーは一六回行われ、二万人以上がウクライナ風ファッションを楽しんだということである。

文化服装学院で開催された「ウクライナ風ファッションショー」2019年。photo:Katsutaro Olexiy Hirayama

コロナ禍で活発化したオンライン交流

二〇二〇年に新型コロナウイルスが世界的に流行し、文化交流を含めて、国際関係にも大きな影響を与えた。これにより多くの文化イベントがオンライン方式で行われるようになった。その中からいくつかを紹介したい。まず、在日ウクライナ大使館はウクライナ出身のアーティストのゾヤ・スコロパデンコ氏との協力で、五月から九月にかけて横綱・大鵬幸喜氏（ウクライナ名イヴァン・ボリシコ）の生誕八〇周年を記念する「相撲。チャンピオンの生涯」というバーチャル展示会を開催した。[23] 本展示会では、ゾヤ・スコロパデンコが大相撲及び日本の有名な相撲部屋を訪れた際に作成した作品を展示した。

また、民音ミュージック・ジャーニー[24]のウクライナ編が発表され、ウクライナの歴史と文化、そしてウクライナの伝統音楽や現代音楽が紹介された。このプロジェクトのおかげで、コロナ禍でコンサートを開催できない中、日本の音楽ファンは民音サイトで、パウロ・ヴィールシキー記念ウクライナ国立民族舞踊団によるホパーク、オペラ歌手のオクサーナ・ステパニュック、二〇〇四年に結成されたキーウのワールドミュージックカルテットであるダッカブラッカ、二〇一六年にユーロビジョン・ソング・コンテストにウクライナ代表として出場し優勝を果たしたクリミア・タタール人のジャマラ、二〇一三年に結成されたエレクトロ・フォーク・バンドのオヌーカ、国立オデーサ・フィルハーモニー管弦楽団およびフリホーリー・ヴェリョウカ記念ウクライナ国立名誉アカデミック・フォーク合唱団の演奏をビデオで視聴することができる。

さらに、ウクライナの公式ウエブサイト[25]や、二〇一六年に外国人のための情報メディアとして始動した「ウクライナー」ウエブサイト[26]（日本語版のほか、各国語版がある）が発表され、ウクライナのSNS外交が活発になった。二〇一八年には国営ウクルインフォルム通信日本語版サイトが開設され、ウクライナに関するニュースが定期的に日本語で配信されるようになった。

二〇二〇年一〇月、セルギー・コルスンスキー駐日ウクライナ大使のツイッター・アカウント[27]が開設され、ウクライナの文化、料理および名所の紹介や、ウクライナボルシチ大会などが行われた。二〇二〇年一二月にコンビニエンスストアチェーンのミニストップがクリスマス向けにウクライナ料理であるチキンキエフの販売を開始すると、ウクライナ大使はツイッターでこのキャンペーンを積極的に支援した。ウクライナ大使のツイートはすぐに拡散して多くの支持を集めた。このアカウントは直接大使とコミュニケーションできるため人気があり、日本のマスコミからも注目されている。

二〇二一年に入ると、オフラインの文化イベントが再開されるようになった。五月にはＪＩＣＡ地球ひろばにて「ウクライナの地域と人々」展が開催された。同展示会では、写真や映像によるウクライナのさまざまな都市や地方の紹介、刺繍が施された民族衣装「ヴィシヴァンカ」や民芸品の展示、ウクライナに関するセミナーなどが行われた[28]。また、同施設二階のJs Caféにて「大使館お墨付きメニュー」と題した、ウクライナ料理「ボルシチ」と「チキンキーウカツレツ」が週替わりで提供された。当時東京では、在ウクライナ日本大使館の料理長を務めたシェフの飯島二郎氏のレストラン「ベトラーヴ ビストロ ジロー」でしかウクライナ料理を食べられなかったため、とても貴重な機会だった。六月には在日ウクライナ大使館の後援により、東部戦争で戦死したウクライナ人オペラ歌手追悼コンサートが開催された[29]。

「ベトラーヴ ビストロ ジロー」のボルシチ。
photo:著者提供

第3節　ウクライナの映画と文学

『戦艦ポチョムキン』『ひまわり』から近作まで

ウクライナに関する映画は、まず、港町オデーサを舞台とした『戦艦ポチョムキン』（セルゲイ・エイゼンシュテイン監督、一九二五年）が挙げられる。ミハイロ・コツュビンシキーの小説『忘れられた祖先の影』を原作とした『火の馬』（一九六四年）、ウクライナのひまわり畑が印象的なソフィア・ローレン主演の『ひまわり』（一九七〇年）もよく知られている。

二〇一五年に制作された今関あきよし監督の『クレヴァニ、愛のトンネル』は、ウクライナのクレヴァニで実地ロケが行われた。また、ウクライナ制作のテレビドラマ・シリーズの日本版リメイク『スニッファー　嗅覚捜査』が二〇一六年にNHKで放送された。最近の映画では『レジェンダリー・ストーン　巨神ゴーレムと魔法の石』（二〇一七）および『バンデラス　ウクライナの英雄』（二〇一八）のオンライン配信による日本語字幕版が公開され、DVDも発売されている

近年の映画祭出品作品

DVD化されたウクライナのアクション映画「ソルジャーズ ヒーロー・ネバー・ダイ」

二〇一九年の秋、横浜にてウクライナ映画祭が行われ[30]、ウクライナの農村地帯や古都の町並み、文化、人々の生活を描いた短編映画『ジャークユ』、EUへの加盟見送りをきっかけに起こった抗議デモが次第に過激化してゆく姿を追ったドキュメンタリー『ウィンター・オン・ファイアー：ウクライナ、自由への闘い』、ウクライナの偉人や歴史を紹介するアニメ、ロシア軍によるクリミア侵攻を題材にしたアクション映画『ソルジャーズ　ヒーロー・ネバー・ダイ』が上映された[31]。

『ジャークユ』（ウクライナ語で「ありがとう」の意味）という短編映画は、二〇一七年にウクライナの情報政策省の発案によって制作され、「ウクライナにおける日本年」に発表された。その内容は、一人の日本人旅行者がウクライナを旅して迷子になってしまい、キーウ、リヴィウ、オデーサなどを訪れてウクライナの風景や人々に触れる物語である。その日本語版がユーチューブに公開されているので、誰でも無料で視聴できる[32]。

さらに、ウクライナの映画は国際映画祭に参加し、高い評価を得ている。二〇一九年にミュージカル映画『フツルカ・クセーニャ』が、第二回熱海国際映画祭にてグランプリを獲得[33]、また第三二回東京国際映画祭において、ヴァレンチン・ヴァシャノヴィチ監督による『アトランティス』が審査委員特別賞を受賞した。[34] 二〇二〇年、ポーランド・ウクライナ・イギリスの共同制作映画『赤い闇　スターリンの冷たい大地で』が日本で公開された。[35] この映画は、一九三〇年代、ウクライナで起こった大飢饉（ホロドモール）を命がけで取材した実在のイギリス人ジャーナリストを題材としている。この大飢饉はスターリンが人為的に引き起こしたものとされ、二〇世紀最大の悲劇の一つと言われている。

近年紹介されたウクライナ文学

ウクライナの文学に関しては、近年、アンドリー・クルコウの『ペンギンの憂鬱』（沼野恭子訳、二〇〇四年　新潮社クレスト・ブックス）、『大統領の最後の恋』（前田和泉訳、二〇〇六年　新潮社クレスト・ブックス）、『ウクライナ日記　国民的作家が綴った祖国激動の155日』（吉岡ゆき訳、二〇一五年　ホーム社）が翻訳・出版されている。

二〇〇五年に藤井悦子、オリガ・ホメンコ共訳の『現代ウクライナ短編集』（群像社ライブラリー）が出版された。ウクライナ研究家・翻訳者である藤井悦子氏はまた、ウクライナの偉大な詩人・画家であるタラス・シェウチェンコ（一八一四―一八六一）の作品『マリア』（二〇〇九年）および『シェフチェンコ詩集コブザール』（二〇一八年）を翻訳した。ウクライナの民話も日本でよく知られてお

ウクライナ民話『エンドウ豆太郎・コティホローシュコ』日本語版。
photo:著者提供

り、『てぶくろ』、『わらの牛』、『麦の穂』、『かものむすめ』が日本語に翻訳されている。

日本におけるウクライナ文学のプレゼンスを高めるために、在日ウクライナ大使館は『桃太郎』と同じようなヒーロー・ストリーのウクライナ民話『エンドウ豆太郎・コティホローシュコ』日本語版、また日本ウクライナ文化交流協会との協力でレーシャ・ウクラインカ（一八七一—一九一三、女流作家、詩人）およびフリホーリー・スコヴォロダ（一七二二—一七九四、近世の哲学者）の作品『ウクライナの心』（中澤英彦、インナ・ガジェンコ編訳）を出版した。

ウクライナでは日本の文学がよく知られているのに対し、日本におけるウクライナ文学はあまり紹介されていない。日本とウクライナの翻訳者がもっと積極的にウクライナの作品を日本に紹介してくれることを期待している。

中澤英彦、インナ・ガジェンコ編訳『ウクライナの心』ドニエプル出版、2021年刊。photo：著者提供

第4節 ウクライナにおける日本年

メチニコウ記念オデーサ国立大学日本語コースの学生たち。photo：メチニコウ記念オデーサ国立大学

ウクライナ人は日本が大好きで、憧れの国である。日本のシンボルである着物、華道、茶道、書道などの伝統文化は特に人気がある。日本料理店もたくさんあり、寿司、天ぷら、ラーメンは市民に愛されている。キーウ、リヴィウ、ハルキウ、ドニプロ、オデーサをはじめウクライナ全土の一〇か所以上の大学で日本語学科があり、日本に関する研究も積極的に行われている。二〇一九年一〇月時点で、ウクライナには二〇九人の日本人が住んでおり、二〇二一年には三四人の日本人留学生がいた。

在ウクライナ日本国大使館および日本・ウクライナセンターは定期的に日本文化紹介イベントを開催している。その中の最も大きなイベントである「ウクライナにおける日本年」について紹介したい。

ウクライナ各地で八〇のイベントを開催

ウクライナと日本の外交関係樹立二五周年にあたる二〇一七年を「ウクライナにおける日本年」とする提案は、二〇一六年四月、ポロシェンコ・ウクライナ大統領の日本訪問中に行われた安倍総理との首脳会談で発表され、二〇一七年一月一一日付けのウクライナ大統領令によって採択された。その法令によると、日本年の目標は、「二国間協力を活発化させること、ウクライナと日本の関係を強化させること、また、ウクライナ大統領による日本への公式訪問の際に達成された合意を実施すること」[36]であった。また、日本側に関しては、二〇一七年一月一一日に行われた「ウクライナにおける日本年」の実施に関する大統領令の署名式の中で、角茂樹・駐ウクライナ大使は、「日本とウクライナの関係は極めて緊密であるが、ウクライナにおける日本年の一つの目標は指導者間の緊密な関係を一般国民にまで広げることである、日本年の行事をウクライナ社会全体との協力で行うことを希望する」[37]旨を述べた。

「ウクライナにおける日本年」（以下、日本年）は、数多くのイベントがウクライナ全土で行われたことを評価すべきである。合計八〇の行事のうち五三の行事が行われた首都キーウをはじめとして、ウクライナの北部（チェルニヒウ）、西部（リヴィウ、フメルニツキー）、中央部（ヴィンニツャ、ドニプロ、ポルタヴァ、カーミヤンシケ）、東部（シェヴェロドネツク、マリウポリ、ドネツク、ルハンシク）および南部（オデーサ、ヘルソン）でさまざまな行事が行われた。また、チェルノブイリ原発事故で強制避難を余儀なくされた原発労働者のために、新興都市として建設されたキーウ州にあるスラウチチ市でも日本文化イベントが開催された。イベントの頻度も高く、毎月三件から一二件の行事が催行された。

日本年の文化行事の主催に関しては、在ウクライナ日本国大使館だけでなく、多くのウクライナの団体も関与した。ウクライナの教育機関では、メチニコウ記念オデーサ国立大学、コロレンコ記念ポルタヴァ

2017年10月、「ウクライナにおける日本年」事業の一環としてキーウで行われた生け花デモンストレーション。
photo：在ウクライナ日本国大使館提供

国立教育大学、キーウ国立言語大学、キーウ国立工科大学、シェウチェンコ記念キーウ国立大学、フメルニツキー国立大学、フランコ記念リヴィウ国立大学が参加した。政府側からは、ウクライナ外務省と情報政策省、地方支局が支援を行った。また、二〇〇六年にＪＩＣＡのプロジェクトとして開かれ、日ウ両国の交流関係促進の拠点となった「ウクライナ・日本文化センター」も積極的に関わった。

アート、教育イベント、桜の植樹など多彩な行事

日本年の具体的な行事内容を見てみよう。

まず、文化交流に関しては、日本文化紹介講演会、映画祭、民芸品および近代アートの展示会、漫画ワーク・ショップ、武道、茶道、書道、折り紙などのマスター・クラス、学術シンポジウムおよび日本語教室が各地で開かれ、ウクライナ人は日本文化を学び、遠い友好国についての知識を広げることができたに違いない。

その中でも印象的かつ重要なイベントの一つとなったのは、日本人画家のミヤザキ・ケンスケ氏による「Over The Wall」世界壁画プロジェクトであった。二〇一七年七月、ミヤザキ氏は在ウクライナ日本国大使館や国際連合難民高等弁務官事務所（ＵＮＨＣＲ）との協力で、キーウ市の Art-zavod Platforma で日本・ウクライナ外交関係樹立二五周年記念の壁画を制作、またマリウポリの第六八中等学校ではウクライナの伝統的な童話「手袋」をテーマとした壁画を制作し、子どもたちのためのアート・クラスを行った。このプロジェクトは、二〇一四年にロシアの武力侵略を受けたウクライナ東部の町マリウポリの子どもたちの

チェルノブイリ博物館で開催された「ウクライナから福島連帯の起き上がりこぼし展」。
photo:在ウクライナ日本国大使館提供

本年」の行事として二〇一七年一〇月にキーウで展覧され、翌二〇一八年三月にも日本年の続きとしてウクライナ大使館で発表されたこともあり、二国間関係にとって大切な作品となった。

「福島・チェルノブイリ」交流も日本年の行事の大切なテーマとなった。二〇一七年三月にチェルノブイリ博物館で「ウクライナから福島連帯の起き上がりこぼし展」が開催され、日本の伝統的な起き上がりこぼし人形に絵付けをした作品が展示された。この起き上がりこぼしプロジェクトは、日本の著名デザイナー高田賢三氏が発起人となって、東日本大震災および福島第一原発事故の被災者を支援するために発足し、日本および世界各地で開催さ

心のケアという特別な意味があった。

ウクライナ東部での状況に目を向けたもう一人の日本人アーティストがいる。日本の漫画家の夏目氏は、ロシアによる侵略を受けて母国を守るために戦っている兵士の漫画「日本のイラストの中のウクライナ兵」を描くことで、アートを通じてウクライナの防衛者に対する尊敬と支援を表した。夏目氏の絵は「ウクライナにおける日

ミヤザキ氏がマリウポリの学校に描いた「手袋」の壁画。photo:“Over the Wall”提供

れてきた。日本年にあたって、「核の悲劇」の共通体験をもつウクライナでの開催が実現した。

教育分野では、リヴィウ国立大学にて、日本語教育、留学生交流、ボランティア活動などの拠点である東京外国語大学のGlobal Japan Officeが開かれ、従来のキーウの大学を中心としたウクライナと日本の教育分野における協力網が西部に拡大した。

日本政府関係者も日本年の行事として行われた「桜二五〇〇キャンペーン」の枠組みでウクライナの東部を訪れた。二〇一七年一〇月に角・駐ウクライナ日本国大使はドネツク州のクラマトルシク市およびルハンシク州のシェヴェロドネツク市で開催された桜植樹セレモニーに出席するとともに、日本が国連の国際移住機関（IOM）を通じて実施している東部復興支援の現場を視察した。

政治対話に関しては、中根一幸外務副大臣がウクライナを訪れ、二〇一七年一一月九日にポロシェンコ・ウクライナ大統領とともに「ウクライナにおける日本年」記念大型展覧会「イマジナリー・トラベラー」のオープニング式典に出席した。

それに加え、一一月二〇日にJICA事務所が開設され、現在、日本からウクライナへの有償資金協力として実行されているボルトニッチ下水処理場改修プロジェクトがよりスムーズにコーディネートされると期待されている。

二〇一七年一二月二二日、キーウ市のソフィア大聖堂広場で行われた

キーウのソフィア大聖堂広場で行われた３Ｄマッピング。photo：在ウクライナ日本国大使館提供

３Ｄマッピング披露で日本年が終了し、ウクライナ人の心に忘れられない印象を残した。

日本年の成果

日本年のおかげでウクライナ人の日本への関心が大きく高まった。日本人は二〇〇五年から観光でウクライナにビザなしで行けるようになったが、ウクライナ人は日本に保証人がいないと日本を訪問できない状態が続いていた。日本年が開催された二〇一七年にウクライナと日本が外交関係樹立二五周年を迎えたことを受け、日本政府は二〇一八年一月一日からウクライナ国民に対する短期滞在ビザの発給要件緩和措置を決定した。その結果、二〇一八年八月三一日現在では、日本へのウクライナ観光客は前年に比べて三五％増加した。

以上のように、ウクライナと日本は「ウクライナにおける日本年」の実行上の目標を達成したと言えるだろう。二国間関係がさらに発展し、両国民の友好関係がより強固なものとなった。ウクライナにとっては、ウクライナ国民に対する短期滞在ビザの発給要件緩和とＪＩＣＡ事務所の開設という目に見える成果が出た。また、日本に関しては、ウクライナにおける日本のファンを増やすとともに、ウクライナが地理的かつ精神的に属しているヨーロッパとのさらなる関係強化にも繋がったと考えられる。

今後の展望としては、両国は人的交流を重視するとともに、政治対話および経済協力の深化に注力し続けながら、「ウクライナにおける日本年」の開催により達成された二国間協力の高いレベルを維持することが期待される。

第5節　姉妹都市関係と地域協力

オデーサと横浜の姉妹都市交流

オデーサ市と横浜市は、ともに国際港湾都市であることから交流が始まり、一九六五年に姉妹都市協定が結ばれた。さらに、一九八六年、オデーサ州と神奈川県は、友好交流の発展に関する共同声明に調印し、相互理解と友好的関係をより一層深めていくことに同意した。長年にわたり、横浜市民とオデーサ市民の間で相互訪問が行われてきたが、ウクライナ独立後の二〇〇五年、オデーサ市長が初めて横浜を訪問した。

二〇一五年、横浜市・オデーサ市姉妹都市提携五〇周年にあたり、角茂樹・駐ウクライナ大使臨席の下、関山横浜市国際局長とトゥルハノウ・オデーサ市長がオデーサの「ポチョムキン階段」近くの公園で、横浜のシンボルであるバラの花を植樹した。また、広く日本文化を紹介する「日本文化展覧会」が開催された[38]。

二〇二〇年にオデーサ・横浜WEB写真展〈姉妹都市提携五五周年[39]〉が在日ウクライナ大使館および横浜市役所の共同で開催され、オデーサの写真家・オレクサンドル・ギマノウ氏および横浜の写真家・平山勝太郎氏による写真が紹介された。

二〇二一年六月には、セルギー・コルスンスキー駐日ウクライナ大使が林文子横浜市長を表敬訪問し、半世紀以上の関係歴史を持つ横浜とオデーサとの交流をさらに深めることで一致した。

キーウ市と京都市の姉妹都市交流

キーウと京都との姉妹都市提携は一九七一年に結ばれ[40]、京都の寺田バレエ・アートスクールとキーウのバレエ学校の交流を中心に徐々に発展してきた。二〇〇一年、提携三〇周年を記念して、キーウ市から代表団とウクライナ民族音楽団が京都を訪問した。京都からは市会議長を団長とする京都市代表団と市民を中心とする文化使節団がキーウを訪れ、両国でコンサートが開催された。二〇〇二年「京都キーウ交流の会」が発足し、両市の交流がさらに深まった。二〇一一年オレクサンドル・ポポウ市長をはじめとするキーウ市代表団が京都市を訪れ、ウクライナのアーティストが寺田バレエ・アートスクールとともに記念公演を行った。

二〇一六年九月、ヴィタリー・クリチコ・キーウ市長は京都市長の招待を受け、キーウ・京都姉妹都市関係樹立四五周年に合わせて日本を訪問し、門川大作京都市長と姉妹都市間協力分野の拡大について話し合った。そ

寺田バレエ・アートスクール、京都キーウ姉妹都市50周年記念第48回生徒定期発表会。2021年、京都。photo:著者提供

キーウ市内「京都公園」の石庭。
photo:在ウクライナ日本国大使館提供

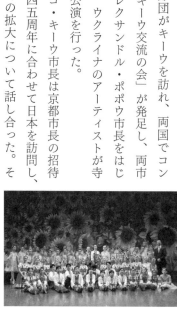

キーウのシンボルである「セイヨウトチノキ」の植樹式を行った門川大作京都市長とセルギー・コルスンスキー駐日大使。京都、宝が池、2021年。
photo：在日ウクライナ大使館提供

の中で、双方は日本のハイテク技術によるキーウの公共交通機関への支援、学生交流、教育や科学分野プロジェクト実施等の協力で合意した。翌二〇一七年六月、門川京都市長がキーウを訪問し、クリチコ・キーウ市長とともに、キーウ市内の「京都公園」リニューアル記念式典に参加し、枯山水の石庭がオープンした。

二〇二一年は京都・キーウ姉妹都市提携五〇周年にあたり、八月に寺田バレエ・アートスクールによって記念公演が開催され、九月に在日ウクライナ大使館は日本郵便、京都市およびキーウ市と協力して、京都・キーウ姉妹都市提携五〇周年記念オリジナルフレーム切手を発行した。これにはペチェルシク大修道院、ウクライナの民族衣装、バレエ、キーウ市内の桜、ピロホヴォ野外博物館、セイヨウトチノキ、聖アンドリー教会、ボルシチ、ペトリキウカ塗り、聖ソフィア大聖堂の写真が使われている。また、一二月にはコルスンスキー駐日ウクライナ大使の提唱により、京都市の宝ヶ池公園子どもの楽園でキーウのシンボルであるセイヨウトチノキの植樹式が行われた[41]。

その他の地域交流

姉妹都市関係のほか、地域関係も発展している。二〇二〇年にコルスンスキー・ウクライナ大使は名古屋を訪問し、当局と会談した後、ＮＰＯ法人「日本ウクライナ文化協会」の会員をはじめ、ウクライナ人のコミュニティーメンバーと面会した。また、同大使は二〇二一年に神戸市の神戸学院大学を訪れ、佐藤雅美学長と学術や学生交流について話し合った。また、井戸敏三兵庫県知事を表敬訪問し、ＩＴ・経済・文化交流の発展の可能性について意見交換した。このほか、在日ウクライナ大使館、姫路市と神戸学院大学との協力により、ウクライナ独立三〇周年となる二〇二一年八月二四日にウクライナ語の姫路城案内パンフレットが導入された[42]。目下、ウクライナと日本の姉妹都市関係はキーウ・京都、オデーサ・横浜の二都市だけだが、将来、新しい協定が結ばれることが望まれる。

ウクライナ語の姫路城案内パンフレット。photo:著者提供

第6節　チェルノブイリ・福島文化プロジェクト

ウクライナと日本は核の悲劇を共有している。その惨事は両国のアーティストにも大きな影響を与え、チェルノブイリ・福島原発事故に関する文化行事が行われるようになった。

音楽を通じたプロジェクト

ウクライナ出身の歌手兼バンドゥーラ奏者のナターシャ・グジー氏は、六歳の時にチェルノブイリ事故が起き、事故現場からわずか三・五キロ地点で被災して、避難を余儀なくされた。その後、民族楽団でバンドゥーラの演奏活動を行い、二〇〇〇年に来日。広島の原爆の被害者であり、「禎子の折り鶴」で有名な佐々木禎子さんの父・繁夫さんと兄・雅弘さんから、禎子さんの折り鶴を贈られたことをきっかけに、芸能活動とともに原発事故の体験を伝える活動にも精力的に取り組むようになった。さらに東日本大震災を経て、定期的にチェルノブイリ・東日本大震災関連のコンサートなどのイベントを開催している。

ナターシャ・グジー氏は「ピースオンウィング」プロジェクトに参加した福島県郡山市立橘小学校へ、ウクライナの子どもたちが作った折り鶴を届けた、2017年。photo：ナターシャ・グジー氏提供

二〇一六年、チェルノブイリ原発事故発生三〇年に際し、ウクライナと日本との子どもたちによる折り鶴交換およびウクライナの学校での広島・長崎・福島についてのレクチャーの開催などの活動を行った。同年四月には、チェルノブイリ博物館で開催された記念式典に禎子さんの甥の佐々木祐滋氏とともに出席し、ウクライナ国民に禎子さんの折り鶴を寄贈した。また「ピースオンウィング〜翼に平和をのせて〜」[43]という日本とウクライナ平和交流プロジェクトの協力により、キーウ市の国立オペレッタ劇場でコンサートを行った。こうした活動が日本で高く評価され、二〇一六年七月、グジー氏は外務大臣表彰を受けた。

また、オペラ歌手でバンドゥーラ奏者のオクサーナ・ステパニュック氏は、二〇一一年三月に東日本大震災が発生すると、六月にチャリティーコンサートを行い、被災者支援のため七〇万円以上を寄付した。[44] ステパニュック氏はその後も一〇年間にわたって福島の子どもたちを支援し続けている。同じくバンドゥーラ奏者のカテリーナ・グジー氏も、定期的にチェルノブイリ・東日本大震災関連のイベントを開催している。

バンドゥーラ奏者カテリーナ・グジー氏は2016年、フィラレート・キーウ総主教から「ウクライナへの犠牲と愛」を記念するメダルを授与された。
photo：ウクライナ正教会ポール・コロルーク司祭提供

現代アートでの交流

現代アートの分野でも、福島・チェルノブイリをテーマとした文化交流が行われている。モナコを拠点に活動を行っているウクライナのクリヴィー・リフ生まれのゾヤ・スコロパデンコ氏[45]（後にゾヤ・エンコと改名）は、幼少時にチェルノブイリ原発事故を体験しており、ウクライナの芸術家として福島と交流を重ねている。同氏は、二〇一五年に福島県の南相馬市の相馬高校に彫刻作品「THE HOPE」（希望）を寄贈した。また、二〇一九年に同じ作品がキーウのチェルノブイリ博物館で展示された。二〇一八年には、在日ウクライナ大使館で、スコロパデンコ氏と福島出身日本画家の鈴木龍郎氏による「チェルノブイリと福島の風景と花」という共同展示会が開催された。[46] この展示会は、原子力発電所事故の影響を受けた地域の美しさと、復興への強い熱意を伝えることを目的として行われた。さらに、二〇二一年、スコロパデン

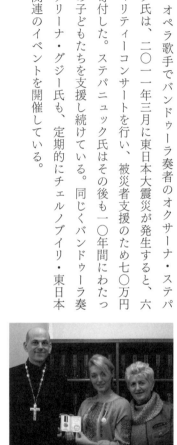

スコロパデンコ氏（右から4人目）と鈴木龍郎氏の共同展示会「チェルノブイリと福島の風景と花」オープニング・セレモニー（2018年）。photo：著者提供

コ氏は福島原発事故一〇周年およびチェルノブイリ原発事故三五周年を記念して、ウクライナのアーティストとチェルノブイリ事故の処理を行った従業員の作品が紹介されている「Fukushima10/Chornobyl35」オンライン展示会をウクライナ大使館と協力して開催した。[47]

「ウクライナにおける日本年」の項でも触れたが、日本人アーティストの活動では、二〇二〇年に死去したデザイナー高田賢三氏の発案で始まり、日本漫画家協会の協力を得て行われている「起き上がりこぼし」プロジェクト[48]がある。このプロジェクトは、広島の平和公園に世界中から送られる折り鶴の再生紙を使って作られた、無地の「起き上がりこぼし」（福島県会津地方に昔から伝わる郷土玩具）に世界中のアーティストが、被災された方々に心を寄せ、東日本大震災からの復興を願って絵付けをした作品を展示するもので、ウクライナのチェルノブイリ博物館（二〇一七年）を含め世界各地で展示会を開催している。ウクライナのチェルノブイリ原子力発電所事故の処理作業者、避難者、子どもたち、体が不自由な子どもたち、ウクライナの有名なアーティスト、音楽家やアスリートたちも「起き上がりこぼし」に絵付けをし、福島に応援の気持ちを伝えている。

二〇一七年に「ウクライナにおける日本年」の一環として、日本漫画家協会の漫画家三名（一本木蛮、倉田よしみ、永野のりこ）がウクライナに赴き、現地の人々との交流を行った。[49] また、サムライアーティスト集団「剱伎衆かむゐ」（リーダーの島口哲朗氏は会津若松市観光大使を務める）は、二〇一七年にキーウのアルセナール美術館で公演を行った。また、翌二〇一八年にスラウチチを訪問した。

原爆による被害を受けた広島と長崎もウクライナと交流している。チェルノブイリ原発廃炉作業員とその家族のために三〇年前につくられた街スラウチチ市と広島市との交流により、両国の子どもが描いた絵を通じて平和への願いを届けるイベント「キッズ・ゲルニカ」が、両都市で展示された。[50]

サムライアーティスト「剱伎衆かむゐ」のキーウ公演、2017年。photo:島口哲朗氏提供

第7節 スポーツおよび文化オリンピアード

ウクライナと日本とのスポーツ交流は、二〇一六年四月に締結された「青少年・スポーツ分野における協力に関する覚書」に基づいている。[51]

ウクライナのトップアスリート

ウクライナは多くの世界チャンピオンを輩出している。日本でよく知られているのは、男子棒高跳びで何度も世界記録を更新し、「鳥人」と呼ばれたセルヒー・ブブカ氏、世界的なサッカー選手で、ウクライナ代表監督を務めたアンドリー・シェウチェンコ氏、リオデジャネイロオリンピック男子平行棒の金メダリストであるオレーフ・ヴェルニャエウ氏、ボクシング世界三階級王者のワシル・ロマチェンコ氏、元WBAスーパー・IBF・WBO世界ヘビー級王者のヴォロディーミル・クリチコ氏、ヴォロディーミルの兄であり、元WBC&WBO世界ヘビー級王者で現キーウ市長のヴィタリー・クリチコ氏。世界選手権二連覇の元新体操選手イリーナ・デリューヒナ氏。同氏のコーチであった母のアルビナが経営する、ウクライナで最も有名な新体操クラブであるデリューヒナ・スクールは、毎年のように新体操イオン・カップ世界クラブ選手権に参加している。

また、ウクライナの武道選手も世界のひのき舞台で実績をあげている。世界柔道選手権四八キロ級二連覇、二度のヨーロッパ選手権も制したダリア・ビロディド選手（東京オリンピック銅メダル）がよく知られており、二〇一九年に在ウクライナ日本国大使館によって「観光親善大使」に任命された。空手女子のアンジェリカ・テルリュハ選手は二〇一九年九月に日本武道館で開催されたプレミアリーグ東京大会五五キロ級で優勝、東京オリンピックでは銀メダルを獲得した。ウクライナの武道選手たちが世界のトップアスリートとして活躍していることは少しも不思議でない。なぜならウクライナでは武道が盛んで、空手道連盟をはじめ柔道連盟、合気道連盟、剣道連盟、相撲連盟まである。

ウクライナの相撲人気

ウクライナ人の大相撲力士・獅司と著者。photo:著者提供

ウクライナの相撲連盟は二〇〇一年に登録され、二〇〇三年に相撲がウクライナのスポーツとして承認された。[52]男性チームも女性チームもあり、子どもの相撲クラブの運営が活発である。二〇二〇年二月、日本全国の相撲少年と世界中からの代表選手による史上最大の小中学生相撲大会「第十回白鵬杯―世界少年相撲大会―」が両国国技館で行われ、白鵬のサポートによりウクライナの子どもたちも参加した。

また、日本でウクライナ出身の力士も活躍している。二〇一七年の欧州相撲選手権の優勝者であり、二〇一八年の世界相撲選手権大会で二位に入賞したセルヒー・ソコロウシキーは、日本相撲協会の入間川部屋に弟子入りし、「獅司[53]」というしこ名をもらってウクライナ初の相撲力士になった。大鵬の孫である納谷幸之介も大嶽部屋へ入門した。

二〇二〇年東京オリンピック・パラリンピックでの交流

二〇二一年に延期となった「二〇二〇年東京オリンピック・パラリンピック競技大会」において、日本政府は、参加する国・地域とのスポーツ、文化、経済などさまざまな分野における相互交流を担う自治体を「ホストタウン[54]」として登録した。これによりウクライナのゴールボールチームは札幌市、空手チームは東京都日野市、水泳チームが兵庫県尼崎市、陸上競技チームが奈良県橿原市と協定を結び、事前合宿を行うとともに文化イベントを開催することになった。[55]

文化オリンピアードの枠組みでは、さまざまな文化交流プロジェクトが実行されている。Imagine One World キモノプロジェクト[56]は在日ウクライナ大使館と協力し、ウクライナのシンボルであるコウノトリ、ひまわり、ヴォロディーミル大公の彫像と麦のシルエットを描いた着物を制作した。着物のスポンサーは井手俊太氏、制作者は加賀友禅の伝統技工士、太田正伸氏である。また、京都の織元である西陣まいづるは、ウクライナの伝統工芸品ピサンカ（イースターエッグの原型と言われる）を織り込んだ帯を制作した。

日本郵便は二〇二〇年、日野市と在日ウクライナ大使館との協力で、「ウクライナ×日野市　ホストタウン　フレーム切手」を発行した。切手シートには、ウクライナの愛のトンネル（クレヴァニ）やつばめの巣城（クリミア）、日野市の百草園の梅や高幡不動尊五重塔などの写真が掲載されている。[57] さらに、障がい者アートコンテストである「パラリンアート世界大会２０２０」において、ウクライナ

日野市で東京オリンピック事前キャンプを行ったウクライナ空手チーム（2021年）。photo：著者提供

Imagine One Worldキモノプロジェクトで制作された加賀友禅の着物。photo：著者提供

ウクライナ×日野市ホストタウンフレーム切手。photo：著者提供

の作品が受賞した。

第8節　ウクライナの研究および教育交流

日本におけるウクライナ研究

日本におけるウクライナ研究に関しては、まず、国際ウクライナ学会日本支部であるウクライナ研究会[58]の活動に触れたい。当会は一九九四年に初代会長で東京大学の中井和夫名誉教授によって創設され、日本におけるウクライナ研究の発展とウクライナ研究者の交流に大きく貢献してきた。第二代会長は平成国際大学の末澤恵美教授が務め、現在、研究会は神戸学院大学の岡部芳彦教授の指導の下、積極的に活動している。ウクライナ研究会のメンバーはウクライナとウクライナ語を専門としている教授、元駐ウクライナ日本国大使、ウクライナに関連する企業関係者であり、研究報告会が年に二回行われ、文化イベントも開催されている。二〇二〇年に「研究奨励賞」が導入され、原田義也氏および北海道大学の藤森信吉研究員が受賞した。二〇二一年七月、ウクライナ研究会第四五回研究懇談会がオンラインで行われ、ウクライナ最高会議対日友好議員グループ共同会長のハリーナ・ミハイリューク最高会議議員が参加した。

ウクライナ研究会主催の「ウクライナの地名のカタカナ表記に関する有識者会議」、2019年。
photo：ウクライナ研究会提供

さらに、ウクライナの研究は北海道大学スラブ・ユーラシア研究センター、東京大学、神戸学院大学、静岡大学、早稲田大学、慶応大学、筑波大学、上智大学、国際問題研究所、防衛研究所、グローバル・フォーラムの専門家によって進められている。ウクライナ語は、東京外国語大学で専門科目として教えられており、神戸学院大学もウクライナ語のコースを導入する予定があるという。

日本法務省によると、二〇二一年六月時点で、ウクライナ人の一八人の教授、六四人の留学生および一〇人の研究者が日本に滞在している。[59] ウクライナの留学生は「日本語・日本文化研修留学生」および「研究留学生」という文部科学省のプログラムおよび大学交流により日本に留学している。

ウクライナのシェウチェンコ記念キーウ国立大学は筑波大学、青山学院大学、天理大学、龍谷大学、大阪経済法科大学と、フランコ記念リヴィウ国立大学は東京外国語大学と、オデーサ国立大学は富山国際大学と交流している。また、二〇二一年に神戸学院大学はリヴィウ工科大学、西ウクライナ国立大学およびオストロフ国立大学アカデミーと協定を結んだ。

メチニコウ記念オデーサ国立大学は2018年、富山国際大学とパートナー校提携を結んだ。富山国際大学 ボグダン パウリー准教授と著者。photo：著者提供

学生交流の機会は、日本外務省が二〇一五年に導入した「MIRAI」[60] プログラムにより拡大しつつある。日本と欧州、中央アジア・コーカサス地域との交流を目的としたこの対日理解促進交流プログラムは、将来活躍が期待される大学生・大学院生、若手実務者等の優秀な若手人材をグループで招聘し、同世代の日本人学生・研究者と知的交流を

行う機会を提供することで、日本の歴史文化から政治経済・外交政策まで、さまざまな分野に対する理解を促し、将来の親日派・知日派を育成し、相互理解と関係の発展を図るものである。過去六年でウクライナ人を含めて計九四六名が参加し、国際理解を深めた。

ウクライナに関する会議

ウクライナに関する会議も活発に行われている。二〇一四年にロシアがウクライナのクリミアを占領して以降、この国際問題は日本トップの研究所の注目を浴びるようになった。二〇一五年、日本国際問題研究所の公開シンポジウムにおいて「ウクライナ危機後の露中の急接近と日露エネルギー協力の行方」、「ウクライナ危機以降のプーチン体制と東方シフト」、「ウクライナ危機以降のロシア東方戦略の行方について」、「ウクライナ危機と露中接近」などの報告が行われた。

翌二〇一六年、グローバル・フォーラムは、日本国際フォーラム、ウクライナ世界政策研究所、米国大西洋協議会との共催で、「世界との対話『ウクライナ危機後の欧州・アジア太平洋国際秩序と日本』」を開催し、ウクライナ問題への理解を深化させた。続いて、二〇一八年一〇月に神戸学院大学にて在日ウクライナ大使館および同大経済学部共催の国際会議「ウクライナの成果と課題」が開催され、浜田和幸元外務大臣政務官（元参議院議員）、天江喜七郎元駐ウクライナ日本大使、黒川祐次元駐ウクライナ日本大使および岡部芳彦ウクライナ研究会会長がパネリストとして参加し、ウクライナの現状について有意義な意見交換を行った。

ウクライナでは日本への関心も高まってきている。二〇二一年二月にウクライナの研究所である「New Europe」[61]は「ウクライナのアジア戦略インアクションとウクライナ・日本協力の役割」というフォーラムを開催し、日ウ関係を安全保障、国際関係および文化外交の観点から分析した。そして、同年三月にウクライナの文化外交を代表するウクライナ政府の国家機関である「Ukrainian Institute」はウクライナのシンクタンク「Ukrainian Prism」[62]との協力ではじめて日本におけるウクライナのイメージに関する研究を行い、その成果を発表した。[63]

ウクライナに関する書籍

ウクライナに関する著作も徐々に増えてきている。一九九八年に中井和夫東京大学名誉教授がウクライナ・ナショナリズムの歴史的背景と独立までの軌跡、そして独立後のディレンマを明らかにする『ウクライナ・ナショナリズム—独立のディレンマ』（東京大学出版会）を発表、二〇〇二年に黒川祐次元ウクライナ大使がウクライナの歴史を深く考察した『物語ウクライナの歴史—ヨーロッパ最後の大国』（中公新書）を出版した。

マイダン革命が起きた二〇一四年以降、ウクライナの研究がさらに活発になり、黒海沿岸諸国の国際関係を多面的に分析した『黒海地域の国際関係』（六鹿茂夫ほか　名古屋大学出版会　二〇一七年）、長年ウクライナを研究してきた執筆陣が、

黒川祐次著『物語　ウクライナの歴史ーヨーロッパ最後の大国』中公新書、2002年刊。

ウクライナの自然環境、歴史、民族、言語、宗教など多方面から紹介する『ウクライナを知るための65章』（服部倫卓ほか エリア・スタディーズ169明石書店、二〇一八年）、『核軍縮の現代史：北朝鮮・ウクライナ・イラン』（瀬川高央 吉川弘文館、二〇一九年）、ウクライナの歴史、文化、観光、料理を紹介する、ウクルインフォルム日本語版編集者・平野高志氏の『ウクライナ・ファンブック：東スラヴの源泉・中東欧の穴場国』（パブリブ、二〇二〇年）が発表された。また、ウクライナ研究会会長で神戸学院大学の岡部芳彦教授による『日本・ウクライナ交流史一九一五―一九三七』（神戸学院大学出版会、二〇二一年）が出版された。

さらに、大阪府八尾市のドニエプル出版は、ウクライナ・ブックレットとして小野元裕ドニエプル出版代表取締役社長・日本ウクライナ文化交流協会会長による『ウクライナ丸かじり―自分の目で見、手で触り、心で感じたウクライナ』（二〇〇六年）、日本ウクライナ文化交流協会の中津孝司氏による『クリミア問題徹底解明』（二〇一四年）および岡部芳彦ウクライナ研究会会長による『マイダン革命はなぜ起こったか―ロシアとEUのはざまで』（二〇一六年）を出版した。

第9節 叙勲

日本とウクライナの相互交流において、顕著な貢献のあった人物には、その功績を称える勲章が授与されている。

日本人の受章者

ウクライナの勲章は、日本の第一二五代明仁天皇（ヤロスラウ賢公勲章一級）、日・ウクライナ友好議連の柳澤会長（ウクライナ三等功績勲章）、角茂樹元駐ウクライナ大使（在任二〇一四―二〇一八年、ウクライナ二等功績勲章）および倉井高志元駐ウクライナ大使（在任二〇一八―二〇二一年、ウクライナ三等功績勲章）が受章している。チェルノブイリ子ども基金の佐々木真理事務局長および寺田バレエ・アートスクールの高尾美智子校長は、ウクライナに貢献した女性を称えるオリーハ勲章を贈られた。また、ウクライナ研究会の岡部芳彦会長はウクライナ内閣名誉章ならびにウクライナ最高会議章を受章している。

ウクライナ人の受章者

日本の旭日章は社会のさまざまな分野において功績のあった人に贈られる勲章で、ウクライナ人では翻訳者や学者が多く受賞している。村上春樹の『羊をめぐる冒険』『ダンス・ダンス・ダンス』、夏目漱石の『吾輩は猫である』、川端康成の『山の音』などの翻訳を行った、ウクライナの日本文学翻訳の第一人者であるイヴァン・ジューブ氏が二〇〇六年にウクライナで初めて日本の勲章（旭日小綬章）を受章した。

学術分野の教授陣では、二〇一二年に、キーウ国立工科大学のミハイロ・ズグロウシキー学長（旭日重光章）、日本の経済について研究を行ったキーウ国立大学のボリス・ヤツェンコ地理学部教授（旭日中綬章）、日・

ウクライナ辞書を編纂したキーウ国立大学言語文化学部教授イヴァン・ボンダレンコ（旭日中綬章）、日本語学者でリヴィウ国立工科大学人文・社会学部のミロン・フェドリシン准教授（旭日小綬章）、二〇一四年に言語学者でキーウ国立言語大学のヴォロジーミル・ピロホウ准教授（旭日小綬章）、二〇一七年に国立キーウ・モヒラ・アカデミーのヴォロジーミル・レザネンコ教授（旭日小綬章）が受章している。

二〇一六年、歴代の元駐日ウクライナ大使（コステンコ、クリニチ、ダシケーヴィチ氏）が旭日重光章を受章した。二〇一八年には、シェウチェンコ記念国立オペラ・バレエ劇場のペトロ・チュプリーナ劇場総監督に対し、日本国政府より勲章（旭日中綬章）が贈られた。

第10節　ウクライナ人コミュニティ

ウクライナ人の宗教施設

二〇〇五年に在日ウクライナ人とその家族が、キリスト教ウクライナ正教会（聖ユダミッション）を設立した。[64] 聖ユダミッションは聖オルバン教会（東京都港区）の礼拝堂を借りて礼拝を行っており、礼拝には、日本語、英語、ウクライナ語が用いられる。司牧はポール・コロルークが担当し、復活大祭およびクリスマスだけでなく、一九三二年～一九三三年のホロドモールというウクライナ大飢餓を追悼する伝統的な式典が行われている。

また、日本にはウクライナ人の日曜学校が三か所ある。東京では「ジェレルツェ[65]」および「ホロバチョック[66]」が活動している。二〇二一年四月二日には、日本ウクライナ文化協会がウクライナ外務省とウクライナ大使館の支援と協力の下に、名古屋にウクライナ人日曜学校「ベレヒーニャ」を開校した[67]。この学校ではウクライナ人だけでなく、日本人も年齢を問わず、ウクライナ語およびウクライナ文化の授業を受けることができるのが特徴である。「ジェレルツェ」のクリスマス・コンサート、「ホロバチョック」のウクライナ版イースターエッグ（ピサンカ）づくりなど、ウクライナ人日曜学校は在日ウクライナ大使館との協力で、ウクライナの文化行事も開催している。

名古屋市のウクライナ人日曜学校。2021年。
photo:著者提供

在日ウクライナ人の状況と活動

ウクライナ人は東京と名古屋で「ウクライナ・パレード」を開催し、ウクライナ文化の普及のために努力している。さらに、愛知県名古屋市において二〇一八年に初のウクライナ人団体として登録されたNPO法人日本ウクライナ文化協会は、日本在留ウクライナ人の安全を重視し、東海市国際交流協会との協力で、「東海市防災マップ」のウクライナ語版を作成した。

その後、一般社団法人ジャパン・ウクライナパートナーズおよび二〇〇〇年代から活躍している日本ウクライナ友好協会KRAIANYも登録し、ウクライナ文化紹介活動を行っている。

二〇二一年六月発表の法務省出入国在留管理庁の統計によれば、一八六〇人のウクライナ国民が在留資格を得ており、そのうち永住者が九四一人、日本人の配偶者および子どもが二六八人、技術・人文知識・国際業務ビザ保有者が一九二人、定住者が一四〇人であった。ウクライナ人は北海道から沖縄まで居住しているが、集中している地域は東京都と神奈川県、および関西地区である。

二〇二二年二月に始まったロシアのウクライナ侵攻により、大勢のウクライナ市民が国外への避難を余儀なくされた。この事態を受け、日本は二〇二二年八月一七日現在、四五都道府県で一六七四人のウクライナ人避難民を受け入れている。[68] 受け入れ先では自治体、学校、企業、地域コミュニティ、民間ボランティア、従来からの在日ウクライナ人等の連携と協力により、ウクライナ避難民の生活や就業就学、日本語学習などのための支援が続けられている。

エピローグ

今後の日ウ関係発展への期待と提言

前頁扉写真＝「ヴィシヴァンカの日」に
刺繍入りのウクライナの伝統衣装ヴィシヴァンカを着用して
国旗を掲げる在日本ウクライナ大使館関係者。
photo：著者提供

日ウ関係の黎明期から国交樹立三〇年の歩み

日本とウクライナは、かつてオデーサに日本国領事館が存在していたこと、そして極東や満州で隣国であったことを踏まえ、一二〇年にわたって相互関係を深めてきた。ソ連時代にも寺田バレエ・アートスクールとキーウバレエ学校との交流や、チェルノブイリ関連の医療協力を中心とした交流など、民間レベルでの交流が維持されてきた。また、ウクライナにゆかりのある人たち―大相撲第四八代横綱の大鵬幸喜、ピアニストのレオ・シロタ、日本国憲法の作成に大きく貢献したレオ・シロタの娘のベアテ・シロタ・ゴードン、エスペランティストで詩人であり言語学者のヴァシリー・エロシェンコ、未来派の父として知られているダヴィド・ブルリュークらが活躍し、両国民の理解の深化を促進してきた。

ウクライナ独立後の両国の政治関係では、四つの主要な時期を指摘できるだろう。

まず、一九九一年から一九九四年までのウクライナの核兵器問題が焦点となった「日ウ関係の成立と初期における協力」の時期である。二番目の「政治対話の拡大および二国間協力の緊密化」の時期は一九九五年から二〇〇五年までであり、政治対話、国会間協力および経済協力が拡大した。『自由と繁栄の弧』構想と『GUAM+日本』の成立」という二〇〇六年から二〇一三年までの時期は、両国が民主主義の発展を中心とした協力を強化させ、二国間関係の協力メカニズムを成立させた。そして、「ロシアによるクリミアの占領およびウクライナ東部の活発化」の時期は、ロシアがウクライナに軍事侵攻を行った二〇一四年から現在まで続いており、日本とウクライナは二国間関係をさらに発展させ、防衛協力を推進し、国際秩序の維持および国際法の定着のために力を尽くしている。

二国間関係の協力メカニズムも成立し、外相級の日本・ウクライナ協力委員会、日本経団連ウクライナ部会およびウクライナ対日経済協力調整協議会による日本ウクライナ経済合同会議、日・ウクライナ科学技術協力委員会、日・ウクライナ原発事故後協力合同委員会、日・ウクライナサイバー協議、日・ウクライナ安保協議が創設された。経済分野においては、日本は有償資金協力、無償資金協力、グリーン投資スキーム、金融支援、技術協力を含め、ウクライナに対して三〇八六億円（二〇一八年の対ウクライナ支援）[1]を提供した。また、日本はチェルノブイリ関連プロジェクトを支援してウクライナの非核化に大きく貢献し、一方、ウクライナは福島原発事故の処理のために日本と知識共有を行うようになった。安全保障面でも連携を強化し、共通の脅威を認識しながら、世界平和の現実のために努力している。技術協力は共同プロジェクトにより発展し、文化交流も盛んになっており、両国は効果的にソフト・パワーを通じてポジティブなイメージを発信している。

同時に、過去三〇年間にわたる協力の最も重要な成果は、日本とウクライナが相互理解と共通の利益に基づく信頼関係を構築できたことにあるだろう。現時点の二国間関係は一九九一年以降の相互交流史において最も高いレベルに達しており、両国は普遍的価値観および国際法を重視する立場を共有し、互いに助け合っている。また、最近の国際安全保障環境の急激な変化への理解およびアプローチを共有し、国際民主社会の連携をサポートしている。国家間の連携はもちろん、民間レベルでの交流も深化し、民間における相互理解も進んでいる。新型コロナ感染症のパンデミックにより海外渡航が制限される中で、両国民はオンラインを利用した国際交流を続けてきた。二〇二二年二月、ロシアのウクライナに対する軍事侵攻開始以降、ウクライナは日本や世界各国からのサポートを受けながら不屈の精神で国を守る戦いを続けている。日ウ両国は友好国としての存在感をさらに高め、平和で安全な未来のために協力関係をより強めていくだろう。

今後の日ウ関係発展への期待と提言

上述の基盤を踏まえ、日ウ関係の今後のさらなる発展が大いに期待される。

第一に、政治レベルでは、議会間協力と首脳対話を維持し、二国間の戦略的なパートナーシップ構築に向けて新たな共同声明に署名することが望まれる。ウクライナ大統領は過去何度か日本を訪問し、日本からは安倍晋三総理大臣のウクライナ訪問が実現しているが、今後も両国首脳による相互訪問の機会を期待したい。

第二に、安全保障分野では、ロシアの侵略行動の終結およびこうした行為が二度と繰り返されないようにするために、防衛協力をさらに発展させることが重要である。クリミアとドンバスを含め、ロシアによって占領されているウクライナの領土の奪還およびロシアによる侵攻に対抗するウクライナの努力を日本が継続的にサポートすることにより、日本は、国際協調主義に基づく「積極的平和主義」を推進する主要なプレーヤーとしての存在感をさらに増すのではないだろうか。また、ウクライナは北方領土の日本への返還を積極的にサポートすることで、ロシアへの圧力を高めることができると思われる。

第三に、国際連合および安全保障理事会の改革を促進し、露ウ戦争終結後のロシアによる戦争賠償の支払いの確保と、ウクライナ国民に対して大量虐殺を行った戦争犯罪人を裁く国際軍事裁判の成立のために共に働くことが期待される。

第四に、進行中（あるいはロシアのウクライナ侵攻により中断中）のインフラプロジェクトの順調な実現と、ウクライナの戦後の復興および人道危機への取り組みに貢献できる新たなプロジェクトへの移行によって、経済協力の深化を期待したい。

第五に、自由貿易協定の締結である。これにより、日本とウクライナは共同生産プロジェクトを進めることができ、ウクライナに近いEUとの貿易を互いに促進することが期待できる。

第六に、IT、電子政府およびサイバーセキュリティの分野において経験の共有を図ることである。

第七に、両国相互理解をさらに促進するため、両国外務省および所属機関の主導による、日本とウクライナの言語と歴史・政治・外交分野の専門家育成が不可欠である。そのために両国外務省や文部科学省および所属機関等によるサポートも期待したい。

第八に、両国が共同会議、文化・学術交流や書籍の出版などを通じて互いの知識を深め合うことが大切である。また、ウクライナは「日本におけるウクライナ年」のような文化イベント開催などを通じて、日本のマスメディア等の協力も得ながら、ウクライナの認知度をより高める努力が必要だろう。

第九に、新型コロナウイルス感染症の収束およびウクライナの安全が確保された時期に、日本―ウクライナ間の直行便を開設し、民間の交流を促進するために査証相互免除協定を結んで、ウクライナ人による短期ビザ取得が不要になることが望まれる。

第十に、日ウ両国は協力して核の安全の確保に貢献し、原発事故の処理の経験および原発安全性向上に関する知識を世界各国に共有していくことが期待される。

最後に、将来、ウクライナの平和が回復し、さまざまな条件が整った機会に、日本の天皇陛下あるいは皇族のウクライナご訪問が実現できれば、ウクライナ国民にとってたいへん光栄であり、両国親善がよりいっそう深まるものと期待される。

世界の平和と安定のための両国の役割

日本とウクライナとの関係のさらなる発展は、両国の利益に合致するのみならず、アジア太平洋地域およびヨーロッパ・黒海地域との連携の強化に貢献するものである。両国が民主主義を堅持し、世界の安定と平和の実現に全力を尽くせば、国際社会の繁栄を促進していくことができるだろう。さらに、両国は米国、ヨーロッパ諸国および他の民主国家と連携し、多国間防衛協力を通じて国際安全保障を確保できるようにいっそうの努力をすべきであると考える。

おわりに

日本とウクライナとの関係は一二〇年にわたる歴史を持ち、国際関係の変化の中で徐々に発展してきました。ソビエト連邦崩壊後、ウクライナは一九九一年に主権を回復し、日本は同年一二月にウクライナ独立を承認、翌一九九二年一月二六日に両国間の国交が樹立しました。以降、日本とウクライナは二国間関係をさらに発展させ、国交樹立三〇周年にあたる二〇二二年にはいっそう協力を強めながら、国際秩序の維持および国際法の定着のために努力を重ねています。

二〇二二年二月二四日、ロシアがウクライナを軍事侵攻しました。二〇一四年にロシアのクリミア侵攻を端緒とする露ウ戦争が始まり、八年間にわたって続いていましたが、ロシアがキーウ、ハルキウ、マリウポリ、ドニプロ、ルツク、イヴァノフランキウシク、オデーサ、ミコライウ、ザポリージャ、ヘルソンなど都市の住宅街、教会、病院、学校、幼稚園までを無差別に攻撃し、一般市民を殺傷するとは、だれも想像できませんでした。

この戦争によって、二〇二二年八月一五日現在、一〇八〇万人以上のウクライナ人がヨーロッパを中心に海外へ避難し、六六〇万人以上の人々が国内避難者となっています。[1] この二一世紀の欧州で、子どもを含む大勢の民間人が無差別攻撃によって死亡したり、けがや飢餓で苦しんでおり、両親を失った子どもたちも少なくありません。いまだにロシア軍が封鎖している地域もあり、罪もない人々が水、食料や薬品、電気、ガスにも困窮し、人道危機が迫っています。ブリンケン米国務長官は二〇二二年七月一三日の声明の中で、子どもを含む最大一六〇万人のウクライナ市民がロシアに強制連行されたとの推計を発表しました。[2] また、ロシアは、ウクライナのチェルノブイリ原発およびヨーロッパ最大規模のザポリージャ原発を制圧し、「核の盾」として利用していることに国際社会から深刻な懸念が寄せられています。プーチンは人道を無視して、大義なき卑劣な戦争を続けています。

この危機を受け、世界中の民主主義国家がウクライナを支援しています。日本の国会は二〇二二年三月二日、ロシアの侵略を非難しウクライナを支援する決議を可決し、[3] 日本政府は総額二億ドルの緊急人道支援および追加支援を行い、G7との連携でロシアの個人と法人に対するさらなる制裁を発動しました。同年三月二三日、ゼレンスキー・ウクライナ大統領は、日本憲政史上初のオンラインによる国会演説を行い、日本の支援に対する感謝を述べるとともに、ロシアへの制裁継続を訴えました。防衛省・自衛隊は、ウクライナへ防弾チョッキおよびヘルメットなどの装備品を提供すると同時に、ウクライナ政府の要請に応じて化学兵器等対応用の防護マスク、防護衣ならびにドローンを提供しました。[4]

それに加え、楽天グループの三木谷浩史社長をはじめ、大勢の一般市民からも寄付が集まり、在日ウクライナ大使館によると、ロシアのウクライナ侵略開始から五日目の二〇二二年三月一日時点で、約二〇億円の寄付金が寄せられました。

日本政府はポーランドに退避しているウクライナ人避難民を政府専用機で日本に移送しました。出入国在留管理庁の統計によると、二〇二二年八月一七日現在、四五都道府県で一六七四人のウクライナ人避難民を受け入れています。日本財団はウクライナからの避難民に三年間で五〇億円規模の人道支援を行うことを発表しました。

このような日本のサポートに心より感謝しながら、国際的に認められた従来のウクライナ国土の回復と、平和復活後の我が国の再建、インフラ復興に向けた日本の援助を期待したいと思います。

この戦争は、ウクライナ人にとっての母国存亡の危機というだけでなく、全世界の平和と人道に対する重大かつ深刻な危機です。戦争が始まってから半年余りが経過した今日、一刻も早い平和の復活を強く願うばかりです。

二〇二二年八月二四日　ウクライナ独立記念日に

ヴィオレッタ・ウィドヴィク

感謝

本書は多くの方のサポート及びご指導のおかげで執筆することができました。ここに心から感謝申し上げます。

・東京大学大学院法学政治学研究科在学中に修士論文のご指導をいただいた北岡伸一教授（現在ＪＩＣＡ特別顧問）
・在日ウクライナ大使館勤務の際にお世話になりましたセルギー・コルスンスキー駐日ウクライナ大使
・博士論文のご指導を受けたメチニコウ記念オデーサ国立大学のミコラ・シェウチュック准教授
・博士論文のレヴューをご執筆いただいたシェウチェンコ記念キーウ国立大学のナタリヤ・ホロドニャ教授、キーウモヒラアカデミー国立大学のオレーナ・ミカル上級講師、日本外務省のウクライナ専門家である南野大介氏、在日ウクライナ大使館のユーリ・ルトビノフ公使参事官（当時）
・修士論文のご指導を受けたメチニコウ記念オデーサ国立大学のオーリハ・ブルシロウシカ教授
・このプロジェクトをご支援いただいた岡部芳彦神戸学院大学教授兼ウクライナ研究会会長、小野元裕ウクライナ文化交流協会会長、澤田智恵・日本ウクライナ芸術協会代表、北爪由紀夫元カタール特命全権大使および北爪裕子先生

・本書に写真をご提供いただいた在日ウクライナ大使館、在ウクライナ日本国大使館、日本国外務省、内閣広報室（首相官邸）、独立行政法人 国際協力機構（ＪＩＣＡ）、株式会社光藍社／瀬戸秀美氏、ウクライナ国営通信社ウクルインフォルム、日本・ウクライナ友好議員連盟会長の森英介衆議院議員、Over the Wall プロジェクトのミヤザキケンスケ氏、パウロ・ヴィールシキー記念ウクライナ国立民族舞踊団、Min-On Concert Association、オクサーナ・ステパニュック氏、寺田バレエ・アートスクール、ナターシャ・グジー氏、メチニコウ記念オデーサ国立大学、ウクライナ正教会ポール・コロルーク司祭、ウクライナ研究会、Katsutaro Olexiy Hirayama 氏、福島大学環境放射能研究所のマーク・ジェレズニヤク氏、ウクライナ日本センター、Ago-ra IT Consulting 柴田裕史氏、キフショバータ・アグロの親会社であるサードウェーブ社の尾崎健介代表取締役社長、マリア・ペウナ氏、『劔伎衆かむゐ』リーダー島口哲朗氏
・本書の出版を可能にしていただいた株式会社インターブックスの松元洋一代表取締役および編集者手島千左子氏
・私を信じて、いつもサポートしてくれる家族と友人

この本は私の家族にささげます。

ヴィオレッタ・ウドヴィク

注 ★印のインターネット文献URLはインターブックス公式サイトの出版ページ『日本とウクライナ』からPDFをダウンロードしてご覧ください。https://www.interbooks.co.jp/

はじめに

1 「ウクライナの地名のカタカナ表記に関する有識者会議」報告 岡部芳彦 ★

プロローグ

1 "Іпатіївський літопис", Енциклопедія історії України, Інститут історії України, Національна академія наук України ★
2 "Найдавніша стоянка на території України – Королево", Київський обласний археологічний музей ★
3 Яковенко Н. "Нарис історії України з найдавніших часів до кінця XVIII ст.", Київ: Генеза, 1997, 13頁
4 Іваницький А. І. "Український музичний фольклор. Підручник для ВНЗ", Вінниця: Нова книга, 2004, 28 頁
5 Костенко І., Халупа І. "Сім чудес Трипільської культури. Як жили і куди поділися трипільці?", Радіо свобода, 2021 ★
6 Palii O. "A History of Ukraine: A Short Course", Kyiv: Infoprint, 2017, 83頁
7 ウクライナの歴史については、前掲Palii O. "A History of Ukraine: A Short Course", Kapranov Brothers' "History of Ukraine", 在日ウクライナ大使館のウクライナに関するブックレットを参照。
8 詳しくは『多様な世界　ウクライナ・日本　木造建築』(Halyna Ševcova著、Hrani-T、2006) を参照。
9 第四十八代横綱 大鵬 オフィシャルサイト ★
10 "У четвер відбулася аудієнція Голови Верховної Ради України Андрія Парубія у Спадкоємця Імператора Японії" ★
11 Окабе Й. "Україна та Японія були сусідами", Держава у теорії і практиці українського націоналізму: матеріали VI Всеукраїнської наук. конф. з міжнар. участю (м. Івано-Франківськ, 26-27 червня 2015), Науково-дослідний інститут українознавства, 2015, 323-325頁
12 Накай К. "Україна і Японія. Дещо про відносини між обома країнами та про українознавство в Японії", Українська Орієнталістика, 2007-2008, Вип. 2-3, 137-141頁
13 Капранов С. "Японознавство в Україні: головні етапи розвитку до 1991 року", Маґістеріум, 2007, Вип. 26, ★
14 日本人のウクライナ関係専門家には、中井和夫、岡部芳彦、小野元裕、片岡浩史、小泉悠、末澤恵美、中澤英彦、袴田茂樹、服部倫卓、原田義也、平野高志 、廣瀬陽子、日野貴夫、藤森信吉、松里公孝、六鹿茂夫、東野篤子、北出大介、岩永真治、石郷岡建、角茂樹・元駐ウクライナ日本国特命全権大使、黒川祐次・元駐ウクライナ日本国特命全権大使、天江喜七郎・元駐ウクライナ日本国特命全権大使、南野大介・元駐ウクライナ日本国大使館一等書記官などの研究者および外交官がいる。
15 日ウ関係のおもな研究者は、I.スイト、岡部芳彦、V.ウドヴィク、S.カプラノウ、S.コルスンスキー駐日ウクライナ大使、Y.コステンコ元駐日ウクライナ大使、M.シャギナ、O.シャポヴァロヴァ、O.ヘチマンチュク、M.ベレスコウ、S.プローン、N. ホロドニャ、O.ホメンコ、O.ミ

カル、V．レザネンコなど。

第1章

1　Палій О. "Де взялася Одеса і до чого тут Катерина II", УНІАН, 2011.09.16 ★
2　Павленко С. "Експозиція японських товарів при японському імперському консульстві в Одесі наприкінці XIX ст. як елемент іміджевої політики Японії", Східний світ, 2015, С. 31-35
3　角茂樹「オデッサ領事官異聞」『神戸学院経済学論集』、第52巻、第3・4号、2021年3月、46頁
4　前掲Павленко С. "Експозиція японських товарів при японському імперському консульстві в Одесі наприкінці XIX ст. як елемент іміджевої політики Японії", С. 31-35
5　前掲 角茂樹「オデッサ領事館異聞」、45-66頁
6　中国東北部。
7　Чорномаз В. "Зелений клин (Український Далекий Схід)", Видавництво Далекосхідного федерального університету, 2011, 7頁
8　同上、8頁
9　詳しくは『日本ウクライナ交流史（1915-1937年）』（岡部芳彦著、神戸学院大学出版会、2021年）を参照。
10　ゼレニー・クリーンの主な都市はハバロフスク、ウラジオストクやウスリースクなどであった。
11　前掲Чорномаз В. "Зелений клин (Український Далекий Схід), 8頁
12　Мамай А. "За Сибирью, где солнце всходит, или почему не состоялась в зеленом клине вторая Украина", Зеркало недели, 1999.10.23, №42 ★
13　"Далекосхідні поселення українців", Інститут історії України, Національна академія наук України ★
14　スヴェン サーレル「日本の大陸進出とシベリア出兵：帝国主義拡張の「間接支配構想」をめぐって」金沢大学経済学部論集、19 巻、1 号、1998年、264頁
15　Світ І. "Українсько-японські відносини 1903-1945", Українське історичне товариство, 1972, 39-40頁
16　富田武『戦間期の日ソ関係1917－1937』岩波書店、2010年、16頁
17　同上、18頁
18　黒川祐次『物語 ウクライナの歴史ーヨーロッパ最後の大国 』中公新書、2014年、178頁
19　芦田均『革命前夜のロシア』文藝春秋新社、1950年、383頁
20　前掲 黒川祐次『物語 ウクライナの歴史ーヨーロッパ最後の大国』、178頁
21　兎内勇津流、松重充浩『荒木貞夫の口述記録：「シベリア出兵」について』東洋文庫、近代中国研究彙報 (42)、2020年、35-36頁
22　Кавунник В. "Архів Української Народної Республіки. Міністерство закордонних справ. Дипломатичні документи від Версальського до Ризького мирних договорів (1919-1921)", Інститут української археографії та джерелознавства ім. М. С. Грушевського, 2016, 250頁
23　同上、81頁
24　Матяш І. "Внесок білоруса Івана Красковського у формування української дипломатії (1918–1921 рр.)",　Україна-Європа-Світ. Міжнародний збірник наукових

праць Серія: Історія, міжнародні відносини, Вип. 19, 2017, 320頁
25 前掲Кавунник В. "Архів Української Народної Республіки. Міністерство закордонних справ. Дипломатичні документи від Версальського до Ризького мирних договорів (1919-1921) ", 119頁
26 "Українці в Китаї", Вісник Української Всесвітньої Координаційної Ради,2004.02 ★
27 前掲Світ І. "Українсько-японські відносини 1903-1945", 23頁
28 Попок А. "Громадсько-політичне та релігійне життя українців на Далекому Сході в XX ст.", Український історичний журнал, 1998, №6, 54-68 頁
29 前掲 "Українці в Китаї"
30 前掲 Попок А. "Громадсько-політичне та релігійне життя українців на Далекому Сході в XX ст."
31 池井優『日本外交史概説』慶應通信、1988年、165－170頁
32 前掲 "Українці в Китаї"
33 1924年に外務省に入省し、ハルビン大使館二等通訳官などを経て、上司の大橋忠一総領事の要請で、1932年に満州国外交部事務官に転じた。満州国外交部ではソ連との北満州鉄道譲渡交渉を担当し、白系ロシア人を中心とした諜報網を通じて情報収集を行った。白石仁章『諜報の天才　杉原千畝』新潮社、2011年、44－53頁参照
34 前掲Світ І. "Українсько-японські відносини 1903-1945", 107－111頁
35 前掲Світ І. "Українсько-японські відносини 1903-1945", 123－125頁
36 同上、151頁
37 Посівнич М. "Воєнно-політична діяльність ОУН в 1929–1939 роках", Інститут українознавства імені　І.Крип'якевича Національної академії наук України, 2010, 121頁
38 同上、187頁－253頁
39 Бурдиляк С., "З думкою про батьківщину: українці в Шанхаї", Україна–Китай N1(6), 2014, ★
40 同上、262－267頁
41 前掲Попок А. "Громадсько-політичне та релігійне життя українців на Далекому Сході в XX ст."
42 オレクサンドル・ポトィリチャク、ヴィクトル・カルポフ、竹内高明著、長勢了治編訳『ウクライナに抑留された日本人』東洋書店、ユーラシア・ブックレット、2013年、56頁
43 「ウクライナ抑留。紙も鉛筆もない。身ぶり手ぶり、必死にロシア語を覚えた。工場長から部屋に呼ばれ、突然の質問。「サムライはなぜ腹切りをするのか」と〈証言 語り継ぐ戦争〉」『南日本新聞』2020年9月9日 ★
44 「日本の空の下で／A・ゴンチャール」『読売新聞』、1961年4月26日
45 「ウクライナ語訳の日本近代詩集」『読売新聞』、1972年2月3日
46 「日本文学の紹介盛んウクライナ」『読売新聞』、1972年2月26日
47 「二国間地域協力」在日ウクライナ大使館 ★
48 「医薬品提供など提案　訪ソ医学協力団　ソ連側も前向き回答」『読売新聞』、1986年10月25日
49 「ソ連の放射線医学専門家、広島を訪問」『読売新聞』、1987年1月13日
50 「ソ連・チェルノブイリ原発を視察　日本原子力産業会議が20日から大型調査団」『読売新聞』、1988年11月11日
51 「1986年のソ連のチェルノブイリ原発事故汚染で日本も調査に参加へ」『読売新聞』、1990

年2月10日
52 「チェルノブイリ事故被ばく者の健康管理　日ソ合同委設置の方針／中山外相表明」『読売新聞』、1990年7月6日
53 「日本側、対ソ改善に技術的支援など10項目提案／日ソ事務協議」『読売新聞』、1990年8月1日
54 「チェルノブイリ医療協力など4文書に署名／日ソ外相定期協議」『読売新聞』、1990年9月6日
55 「チェルノブイリ救援、ソ連に2000万ドル供与　日ソ協議会議で三塚・前外相」『読売新聞』、1990年11月27日
56 「ゴルバチョフ大統領来日時に合意15文書　5分野は協定に」『読売新聞』、1991年4月10日
57 「チェルノブイリ事故への医療協力　ヒバクシャ救え　"草の根"でも募金の輪」『読売新聞』、1990年9月6日
58 「チェルノブイリとの出会い」★
59 「チェルノブイリ子ども基金」★
60 Ёкодзуна Иван Борышко – Тайхо Коки. 2. Великий Феникс ★
61 同上
62 山本尚志　「レオ・シロタ没後半世紀 ――ピアニスト　シロタに関する若干の新史料と考察」『学習院高等科紀要』第13号、2015年
63 "The Only Woman in the Room" ★
64 「ワシリー・エロシェンコ」新宿中村屋 ★
65 "Творчість Давида Бурлюка у контексті світової культури Вісник Національної академії керівних кадрів культури і мистецтв" (Турчак Л., Вісник Національної академії керівних кадрів культури і мистецтв, 2019, № 3, С. 361-366) および "Давид Бурлюк на Огасавара" (Оваки Ч., Вісник Харківської державної академії дизайну і мистецтв : зб. наук. пр. Харків, 2008, № 2. С. 131–143)を参考にした。

第2章

1 宇山智彦、クリストファー・レン、廣瀬徹也編著『日本の中央アジア外交―試される地域戦略』スラブ・ユーラシア叢書6　北海道大学出版会、2009年3月、5―6頁
2 "Remarks to the Supreme Soviet of the Republic of the Ukraine in Kiev, Soviet Union", Brama Gateay to Ukraine ★
3 Чекаленко Л. "Зовнішня політика України, Либідь, 2006, 159頁
4 同上、121、138、142、154頁
5 「政治関係」★
6 「2商社がウクライナ共和国に事務所開設へ」『読売新聞』、1991年10月20日
7 「28日のピリプチュク・ウクライナ共和国経済改革委員長との会見要旨」『読売新聞』、1991年11月28日
8 「独立のウクライナへ来週にも大使派遣　外務省が決定」『読売新聞』、1991年12月6日
9 「日本の承認を期待　ウクライナ共和国の首脳表明」『読売新聞』、1991年12月17日
10 "Історія двосторонніх відносин Японії та України", Посольство Японії в Україні ★
11 「ウクライナ経済の現状と課題」国際協力機構 ★
12 「ウクライナ」外務省 ★
13 「平和に資するウクライナ支援」『読売新聞』、1995年3月25日

14 「ウクライナに2億ドルの金融支援、村山首相が表明－首脳会談」『朝日新聞』、1995年3月24日
15 「川口大臣のウクライナ訪問」外務省 ★
16 「高成長の途上にあり日本との関係も良好」（グリシチェンコ外相のインタビュー）『世界週報』、2004年7月6日
17 森英介、岡部芳彦「ウクライナと私―日本ウクライナ友好議員連盟の23年」『神戸学院経済学論集』第50巻　第3号　特集「ウクライナの環境・社会・経済・政治に関する研究」29頁
18 Депутатська група Верховної Ради України з міжпарламентських зв'язків з Японією, Верховна Рада України ★
19 「政治対話」　在日ウクライナ大使館 ★
20 「ウクライナのオレンジ革命」『毎日新聞』、2004年12月16日
21 中井和夫「ウクライナの民主化」、恒川惠市編『民主主義アイデンティティ』早稲田大学出版部、2006年、156頁
22 同上、151頁
23 藤森信吉「ウクライナ–政権交代としての『オレンジ革命』–」、「『民主化革命』とは何だったのか：グルジア、ウクライナ、クルグズスタン」★
24 「ウクライナ大統領選挙に対する我が国選挙監視要員の派遣」外務省 ★
25 「日本国とウクライナの間の21世紀における新たなパートナーシップに関する共同声明」外務省 ★
26 「科学技術協力に関する日・ウクライナ共同記者発表」外務省 ★
27 「安保理改革」★
28 Report of The Japan-Wider Black Sea Area Dialogue on "Peace and Prosperity in the Wider Black Sea Area and the Role of Japan", The Global Forum of Japan, 2005 ★
29 Udovik V. "The Black Sea Area in Japan's Expanding Strategic Horizons", Ukraine Analytica, 2020.04.03 ★
30 前掲 廣瀬徹也『日本の中央アジア外交』、46頁
31 同上、27頁 ★
32 「『中央アジア＋日本』対話」外務省 ★
33 「麻生大臣のウクライナ訪問」外務省 ★
34 「『自由と繁栄の弧』をつくる」外務省 ★
35 「外交青書1957年」外務省 ★
36 ウドヴィク V.「日本とウクライナ――『積極的平和主義』を掲げる安倍政権のウクライナ支援』Synodos、2018年1月26日 ★
37 麻生太郎『自由と繁栄の弧』、幻冬舎文庫、2008年、37－40頁
38 六鹿茂夫「政策提言：黒海協力　日本の対黒海政策－『自由と繁栄の弧』外交を求めて」日本国際問題研究所　2007年3月 ★
39 「『GUAM＋日本』会合」（概要と評価）外務省 ★
40 Сірук М. "Микола КУЛІНИЧ: Україна в змозі завоювати своє місце на азіатському ринку", День, 2007.08.22 ★
41 「第2回『日－GUAM』会合　共同プレスリリース」外務省 ★
42 「第3回『GUAM＋日本』会合の開催について」外務省 ★
43 「第4回『GUAM＋日本』会合　共同プレス・ステートメント」外務省 ★
44 「安倍総理大臣演説」外務省 ★

45 国家安全保障戦略（概要）内閣官房 ★
46 「日本・ウクライナ協力委員会第2回会合共同声明」外務省 ★
47 「日本・ウクライナ共同声明（仮訳）」外務省 ★
48 「日・ウクライナ首脳会談」外務省 ★
49 「ウクライナ大統領選挙（決選投票）について 」外務省 ★
50 「ウクライナ：東西の対立が心配だ」『毎日新聞』、2010年2月15日
51 「民主化『揺れ戻し』に不安」『毎日新聞』、2010年2月11日
52 石郷岡建「オレンジ革命の終焉—2010年ウクライナ大統領選挙の分析—」『ロシア・ユーラシア経済：研究と資料』ユーラシア研究所　2010年7月号、No.935
53 服部倫卓「2010年ウクライナ大統領選と新政権」『ロシアNIS経済速報』社団法人　ロシアNIS貿易会、2010年3月25日、1491号 ★
54 「ヤヌコーヴィチ・ウクライナ大統領と懇談」『日本経団連タイムス』、2011年1月27日、3028号 ★
55 「日本・ウクライナ・グローバル・パートナーシップに関する共同声明」外務省 ★
56 「『GUAM＋日本』会合」外務省 ★
57 著者によるクリニチ大使へのインタビュー、東京、2011年10月6日
58 「岸田外務大臣のチェルノブイリ訪問（概要）」外務省 ★
59 「政治対話」在日ウクライナ大使館 ★
60 「『原子力発電所における事故へのその後の対応を推進するための協力に関する日本国政府とウクライナ政府との間の協定』の署名」外務省 ★
61 「第2回『日・黒海地域対話：激動する世界における日本と黒海地域』」グローバル・フォーラム ★
62 “Report on the Thirst Japan Black Sea Area Dalogue on “Prospects or Changintg Black Sea Area and Role of Japan”, The Global Forum of Japan ★
63 第4回「日・黒海地域対話：日・黒海. 地域協力の発展に向けて」グローバル・フォーラム ★
64 「トヴィルクン黒海経済協力機構（BSEC）事務局長の浜田政務官表敬」外務省 ★
65 “Summary Proceedings of the Seminar on Disaster Prevention Measures in Japan”, BSEC Organization ★
66 Карабань С., Якунов Є. “Революція Гідності. Згадаймо головне”, Укрінформ, 2021.10.21 ★
67 「岸田外務大臣会見記録」外務省 ★
68 「政府、対ロ追加制裁を検討 首相、クリミア編入宣言『非難』」『日本経済新聞』、2014年3月19日 ★
69 「平成27年版防衛白書」防衛省 ★
70 廣瀬陽子「ウクライナ危機はなぜ終わらないのか～欧米vsロシア、相容れない『正義』の論理」現代ビジネス、2016年5月10日 ★
71 伊藤憲一 「ウクライナ問題と日本外交　世界平和主義の旗を『世界全体の平和なくして日本の平和なし』」グローバル・フォーラム、2014年 ★
72 北岡 伸一 「『積極的平和主義』に転換する日本の安全保障政策」、Nippon.com、2014年2月5日 ★
73 井崎圭「ウクライナが日本に共感する『三つの共通点』議連会長・森英介氏に聞く」西日本新聞、2022年3月3日 ★
74 袴田茂樹 「報告5ロシア・ウクライナ問題と日本の対露政策」Synodos、2015年1月22日 ★

75 北出大介 「日本の対露制裁の効果について考える」三井物産戦略研究所　2016年7月7日 ★
76 平野高志「角茂樹駐ウクライナ日本国特命全権大使　日本の対露制裁の継続は、クリミアとドンバスだけの問題ではなく、原則の問題」ウクルインフォルム、2018年12月22日 ★
77 Сірук М. "Дві мети посла Такаші КУРАІ: "Японія хоче й надалі бути дуже добрим другом і партнером України", День, 2019
78 "Statement by H.E. Ambassador Motohide Yoshikawa Permanent Representative of Japan to the United Nations at the Debate on the Situation in Ukraine", Permanent Mission of Japan to the United Nations, 2014 ★
79 「日・ウクライナ外相会談」 外務省 ★
80 「クリムキン外相の訪日」外務省 ★
81 「安倍内閣総理大臣のウクライナ訪問」外務省 ★
82 「日・ウクライナ首脳会談」外務省 ★
83 「両陛下、ウクライナ大統領と会見」『日本経済新聞』、2016年4月7日 ★
84 "Порошенко запросив імператора Японії до України", День, 2016.04.07 ★
85 「プーチン・ロシア大統領の訪日（結果）」外務省 ★
86 「宮中晩餐」 宮内庁 ★
87 「要人来日日程（平成12年）ロシア連邦プーチン大統領訪日日程」外務省 ★
88 「天皇皇后両陛下のご日程」宮内庁 ★
89 「G7伊勢志摩首脳宣言（骨子）」外務省 ★
90 「第6回「GUAM＋日本」会合 共同プレス・ステートメント」外務省 ★
91 「日・GUAM協力プログラム」外務省 ★
92 「令和2年版防衛白書」防衛省 ★
93 「テクノロジーでは日本人に」ウクライナ大統領、就任演説で議会解散」BBC ★
94 「ウクライナ大統領就任式への遠山総理特使派遣」外務省 ★
95 「安倍総理大臣とゼレンスキー・ウクライナ大統領との会談」外務省 ★
96 "Україна — Японія: взаємовигідне партнерство триває", Урядовий кур'єр, 2019.10.24 ★
97 「日・ウクライナ外相会談」外務省 ★
98 「ウクライナ」外務省 ★
99 "Група народних депутатів України перебуває у м.Токіо (Японія) на запрошення японського уряду", Верховна Рада України ★
100 "Звіт роботи комітету ВР у закордонних справах за період IV сесії Верховної Ради України VIII скликання (лютий - серпень 2016)", Верховна Рада України ★
101 "Кабінет міністрів Японії приступив до роботи над питанням скасування віз українцям", Укрінформ, 2017.06.14 ★
102 "Японія передасть Україні противірусний препарат, ефективний у лікуванні COVID-19", Укрінформ, 2020.04.07 ★
103 「倉井高志駐ウクライナ日本国特命全権大使－日本政府のクリミアの立場は原則的で確固たるもの」ウクルインフォルム ★
104 "Володимир Зеленський затвердив Стратегію національної безпеки України", Президент України ★
105 「コルスンスキー駐日ウクライナ大使による宇都外務副大臣表敬」外務省 ★
106 "Указ Президента України №448/2021", Президент України ★

第3章

1 "У Києві відбулися перші в історії двосторонніх відносин українсько-японські консультації у сфері забезпечення кібербезпеки", Міністерство закордонних справ України ★
2 「第2回日ウクライナサイバー協議」外務省 ★
3 Volodzko D. "Japan's Cyberterrorism Crisis Threatens Us All", Forbes, 2018 ★
4 「犯罪の温床『ダークウェブ』カード情報10万人分売買」『日本経済新聞』、2017年4月17日 ★
5 「NEM流出、不正交換容疑で31人を立件 主犯者は不明」『朝日新聞』、2021年1月22日 ★
6 Udovik V. "The Ukraine-Japan Security Dialogue as an Important Contribution to International Peace and Security", Journal of Inter-Regional Studies: Regional and Global Perspectives (JIRS), Vol.3, 2019 ★
7 「大規模サイバー攻撃、チェルノブイリ原発も被害」『日本経済新聞』、2017年6月28日 ★
8 Global Innovation Index 2020, World Intellectual Property Organization ★
9 パルビー・ウクライナ最高会議（国会）議長による安倍総理大臣表敬 ★
10 "Цей рік в Україні проголошений роком Японії - саме тому ми повинні використати всі наші можливості для посилення нашої співпраці не лише в економіці, а й у питанні безпеки, - Андрій Парубій під час спілкування з командуванням морських сил Самооборони Японії", Верховна Рада України ★
11 "Парубій запропонував японським військовим провести спільні навчання", Interfax, 2017.02.28 ★
12 "Ukrainian, Japanese defense ministry officials discuss cooperation prospects", Interfax, 2017.08.02 ★
13 「東京にて第一回ウクライナ・日本安保協議が実施されました」在日ウクライナ大使館
14 "Мілітаризація Криму. Інфографіка", Укрінформ, 2018.11.05 ★
15 "Japan Ministry of Defense (2021): Development of Russian Armed Forces in the Vicinity of Japan", Ministry of Defense ★
16 Брайлян Є. "Україна і Японія мають схожі проблеми через сусідство з РФ — дипломат Сергій Корсунський", Армія Inform, 7 Лютого 2022 ★
17 "Депортація кримських татар у запитаннях і відповідях", BBC News, 2015.05.18 ★
18 「日本の領土をめぐる情勢」外務省 ★
19 志田淳二郎「『ハイブリッド戦争』と動揺するリベラル国際秩序」Synodos、2020.12.02 ★
20 Шелест Г. "Уроки гібридного десятиліття: що треба знати для успішного руху вперед", Державна екологічна академія післядипломної освіти та управління ★
21 「中国情勢（東シナ海・太平洋・日本海）」防衛省・自衛隊 ★
22 「中華人民共和国海警法について」防衛省 ★
23 「角茂樹駐ウクライナ日本国特命全権大使　日本の対露制裁の継続は、クリミアとドンバスだけの問題ではなく、原則の問題」ウクルインフォルム、2018年12月22日 ★
24 Хірано Т."Без зайвого розголосу. Як Україна і Японія співпрацюватимуть у сфері оборони", Укрінформ, 2018.10.23 ★
25 "Історія миротворчої діяльності Збройниї Сил України", Міністерство оборони України ★
26 "History of Japanese PKO", Ministry of Foreign Affairs of Japan ★

27 「河野防衛相とザホロドニューク国防相が会談 今後の協力につき協議」ウクルインフォルム、2020年2月15日 ★
28 「倉井大使　イルピン軍病院への医療機材供与式に出席」在ウクライナ日本国大使館 ★
29 「日ウクライナ防衛相テレビ会談について」防衛省 ★
30 "Таран запросив Японію до участі в Кримській платформі", Factor News, 2021.02.17
31 「日・ウクライナ首脳電話会談」外務省 ★
32 「防衛大臣記者会見」防衛省 ★
33 「駐日ウクライナ大使『妥協できる分野で議論継続を』」『NHK』、2022年1月11日 ★

第4章

1 "Японія (Координаційна рада Кейданрен)", Міністерство економіки України ★
2 「ウクライナ概観」在日ウクライナ大使館 ★
3 "Японія (Координаційна рада Кейданрен)", Міністерство економіки України ★
4 "The Ukrainian chamber of Commerce and Industry" ★
5 一般特恵関税制度（GSP：Generalized System of Preferences）：開発途上国の輸出所得の増大，工業化と経済発展の促進を図るため，開発途上国から輸入される一定の農水産品，鉱工業産品に対し，一般の関税率よりも低い税率（特恵税率）を適用する制度。
6 Кулінич М. "20 років українсько- японської співпраці: підсумки та перспективи", Україна дипломатична, 2011, 449頁
7 "Договірно-правова база відносин між Україною та Японією", Посольство України в Японії ★
8 「ウクライナとの租税条約の締結交渉を開始します」財務省 ★
9 「経団連の最近の動き（2001年3月）」経団連 ★
10 「2003年度事業報告」経団連 ★
11 「日本経団連タイムス No.2858 (2007年5月10日) 」経団連 ★
12 「2007年度事業報告」　経団連 ★
13 "Мінекономіки: Богдан Данилишин виступив на Другому спільному засіданні Координаційної ради з питань економічного співробітництва з Японією", Кабінет міністрів України ★
14 "Третє спільне засідання Координаційної ради з питань економічного співробітництва з Японією", Міністерство закордонних справ України ★
15 「ポロシェンコ経済発展・貿易相が参加し第4回日本ウクライナ経済合同会議開催」経団連 ★
16 「第5回日本ウクライナ経済合同会議をキーウで開催」経団連 ★
17 「クリムキン・ウクライナ外相との懇談会を開催」経団連 ★
18 「第6回日本ウクライナ経済合同会議を東京で開催」経団連 ★
19 「第7回日ウクライナ経済合同会議の開催」在ウクライナ日本国大使館 ★
20 「第8回日本ウクライナ経済合同会議メモランダム」経団連 ★
21 「ウクライナ」外務省 ★
22 "Поточний стан економічного співробітництва", Посольство України в Японії ★
23 同上
24 同上
25 "Україна стала другим у світі експортером зерна", Укрінформ, 2021.01.22 ★

26 前掲 "Поточний стан економічного співробітництва"★
27 "Україна встановила рекорд з експорту риби", UIFSA, 2021.01.21 ★
28 「ウクライナ産ワイン、来年から日本へ輸出=大使」ウクルインフォルム、2020年12月17日 ★
29 "Український експорт агропродукції до Японії зріс на 32%", Landlord, 2019.05.23 ★
30 "Українські виробники взяли участь у торговій онлайн-місії в Японії", Agravery, 2020.11.25 ★
31 「ウクライナ」外務省 ★
32 "Рейтинг інвесторів: які країни вклали в Україну найбільше", UA News, 2021.04.02 ★
33 前掲「ウクライナ」
34 前掲 "Поточний стан економічного співробітництва"★
35 Віннічук Ю. "Як Україна стала джерелом дешевої праці для іноземних корпорацій", Бізнес Цензор ★
36 "На Тернопільщині відновив роботу завод з виробництва кабельних мереж для автомобілів", UNIAN, 2020.04.07 ★
37 Кармазіна І. "Завод Fujikura у Немирові — шлях до успіху (Новини компаній)", 20 хвилин, 2018.11.29 ★
38 前掲 "Поточний стан економічного співробітництва"★
39 Корсунський С. "Аналіз поточного стану відносин Україна-Японія", Портал зовнішньої політики, ★
40 「ウクライナ　農業事業」サードウェーブグループ ★
41 「ウクライナのIT企業団体『IT Ukraine Association』と業務提携いたしました」 JASIPA ★
42 "Президент України зустрівся із засновником японської компанії Rakuten Хіроші Мікітані", Президент України ★
43 柴田裕文「東欧のシリコンバレー:ウクライナが何故今世界のIT産業の注目を集めるのか?」World Voice、2020年12月2日 ★
44 同上
45 「第2節 日本外交の課題」外務省 ★
46 「北岡理事長がJICA理事長として初めてジョージア、アルメニア、ウクライナを訪問:政府要人との会談や事業現場の視察を通じ、日本の協力の重要性を再確認」JICA ★
47 「北岡理事長がウクライナのゼレンスキー大統領と会談」JICA ★
48 「対ウクライナ支援概要」在ウクライナ日本国大使館 ★
49 "Проект: Пріоритети допомоги ЄС Україні: взаємовигідний рух назустріч 2018", Громадська організація «Інститут економічних досліджень та політичних консультацій» 45頁 ★
50 前掲「対ウクライナ支援概要」★
51 「日本のODAプロジェクト ウクライナ 有償資金協力 案件概要」外務省 ★
52 「ウクライナへの金融専門家の派遣」外務省 ★
53 「政策評価法に基づく事前評価書」外務省 ★
54 "Японська допомога українським реформам", Бізнес, 2019.03.29 ★
55 「ウクライナ国 ミコライウ橋建設事業追加調査」JICA ★
56 「ウクライナに対する円借款に関する書簡の交換」外務省 ★
57 「ウクライナ国一般廃棄物管理に係る情報収集・確認調査」JICA ★
58 「空間情報統合プロジェクト」JICA ★

59 「2016年版開発協力白書　日本の国際協力」外務省 ★
60 「案件概要表（研修・機材）」JICA ★
61 「ウクライナとの京都議定書の下での共同実施（JI）およびグリーン投資スキーム（GIS）における協力に関する覚書（Memorandum）への署名について」　環境省 ★
62 「ウクライナとのグリーン投資スキーム（GIS）実施に向けたガイドラインへの署名および割当量購入契約の締結について」経済産業省
63 前掲「対ウクライナ支援概要」在ウクライナ日本国大使館 ★
64 「ウクライナ石炭事情」JCOAL　Journal、Vol 30、2015年 ★
65 「[原子力産業新聞] 2014年8月21日 第2731号」日本原子力産業協会 ★
66 前掲「ウクライナ石炭事情」
67 「ウクライナにおける技術交流」JCOAL　Journal、Vol 31、2015年 ★
68 「第2回日・ウクライナ・エネルギー・セキュリティセミナーの開催」在ウクライナ日本国大使館 ★
69 「平成27年度エネルギーに関する年次報告（エネルギー白書2016）」資源エネルギー庁 ★
70 Спорников О. "Турбіна поза турборежимом або про туманні перспективи вугільної енергетики в Україні, Київській області та по всьому світові", Нова доба, 2019.11.30 ★
71 「持続可能な連結性及び質の高いインフラに関する日EUパートナーシップ（仮訳）」外務省 ★
72 鶴岡路人「安倍外交におけるヨーロッパ―『主流化』は実現したのか（前編）」日本国際問題研究所　2020年9月29日 ★
73 "Eastern Partnership: Indicative TEN-T Investment Action Plan", EU Neighbours East ★

第5章

1 「『核から守る』中国がウクライナと交わした約束､ロシアにどう対応？」　朝日新聞デジタル、2022年3月2日 ★
2 「ISCNニューズレター」日本原子力研究開発機構 2022年3月 ★
3 「旧ソ連諸国における核遺産問題」旧ソ連非核化協力技術事務局 ★
4 同上
5 「大量破壊兵器・物質の拡散に対するグローバル・パートナーシップG8行動計画（仮訳）」外務省 ★
6 末澤恵美「ウクライナの核廃絶」ウクライナの現代政治（北海道大学スラブ研究センター）, 3-14, 2000年2月 ★
7 同上
8 同上
9 「外交青書1995』外務省 ★
10 前掲「旧ソ連諸国における核遺産問題」
11 「ハリコフ物理技術研究所 核セキュリティ強化支援（2011～2014年）」旧ソ連非核化協力技術事務局 ★
12 「カザフスタン核セキュリティ強化支援（2011～2015年）」旧ソ連非核化協力技術事務局 ★
13 「日露非核化協力委員会」旧ソ連非核化協力技術事務局 ★
14 「日・ベラルーシ核不拡散協力委員会」旧ソ連非核化協力技術事務局 ★

15 「チェルノブイリ事故３０年」朝日新聞 2016年5月13日 ★
16 国際原子力事象評価尺度（INES）は、国際原子力機関（IAEA）と経済協力開発機構原子力機関（OECD/NEA）が定めた尺度。1992年に各国に採用を勧告。★
17 今中哲二「チェルノブイリ原発事故の調査を通じて学んだこと」広島大学平和科学研究センター ★
18 "У ДАЗВ розробили Стратегію розвитку територій зони відчуження на 2021-2030 роки", Кабінет міністрів України ★
19 「ウクライナ月報」 在ウクライナ日本国大使館 2018年11月 ★
20 Прищепа Я. "Мінкульт хоче внести об'єкти Чорнобильської зони до списку ЮНЕСКО", Суспільне культура, 2020.11.09 ★
21 "У 2021 році Чорнобиль відвідало вдвічі більше туристів, майже половина з них – іноземці", Delo.ua, 2022.01.13 ★
22 「『千人研修』旧東側諸国安全研修 受入れ目標千人を達成」原子力産業新聞、2002年2月7日、第2123号 ★
23 「チェルノブイリ原子力発電所の閉鎖について」外務省 ★
24 "Chernobyl Nuclear Power Plant Decommissioning, Ukraine", Power Technology, 2022.03.01 ★
25 "Дипломати оцінили внесок міжнародної спільноти в подолання Чорнобильської катастрофи" УНІАН, ★
26 「対ウクライナ支援概要」在ウクライナ日本国大使館 ★
27 "Історія двосторонніх відносин Японії та України (Проекти пов'язані з Чорнобилем)", Посольство Японії в Україні, ★
28 「草の根・人間の安全保障無償資金協力」外務省 ★
29 「対ウクライナ草の根・人間の安全保障無償資金協力案件の一覧」在ウクライナ日本国大使館 ★
30 "«Енергоатом» і JEPIC-ICC обговорили питання безпеки АЕС України", Кабінет міністрів України ★
31 「ウクライナ国立科学技術協会会長らが本学を表敬訪問」長崎大学 2015年12月03日 ★
32 "Сьогодні до Японії вилітає український літак з гуманітарною допомогою", UNIAN, 2011.03.16 ★
33 "Не маємо права забути", Перший, 2012.03.07★
34 「高橋外務副大臣による演説」外務省 ★
35 「ウクライナ（Ukraine）基礎データ」外務省 ★
36 О.Насвіт "Українсько-японське співробітництво по лінії Чорнобиль-Фукусіма. Стан та перспективи розвитку. Аналітична записка", Національний інститут стратегічних досліджень ★
37 「『原子力発電所における事故へのその後の対応を推進するための協力に関する日本国政府とウクライナ政府との間の協定』の署名」外務省 ★
38 「第5回日・ウクライナ原発事故後協力合同委員会（結果）」 外務省 ★
39 前掲О.Насвіт "Українсько-японське співробітництво по лінії Чорнобиль-Фукусіма. Стан та перспективи розвитку. Аналітична записка"
40 「チェルノブイリ災害後の環境管理支援技術の確立」JST ★
41 「SATREPSとは」JST ★
42 「地球規模課題対応国際科学技術協力プログラム 平成28年度採択研究課題 チェルノブイ

リ災害後の環境管理支援技術の確立」福島大学環境放射能研究所 ★
43 「【東日本大震災から10年Vol.2】福島の知見をチョルノービリと共有し、科学的な研究で被災地の未来をつくる」JICA ★
44 「SATREPSシンポジウム2018を開催しました」（SATREPSお知らせ） 福島大学 ★
45 「福島大学とウクライナ国家戦略研究所、チョルノービリ立入制限区域の共同研究に関し覚書署名」ウクルインフォルム、2019年9月25日 ★
46 「世界の原子力発電開発の動向 2021 年版を刊行」日本原子力産業協会、2021年5月28日 ★
47 「【国際】『確立された技術』を有効活用、原子力発電の長期運転～ 2050年カーボンニュートラルへ向けて～」電気事業連合会2021年2月5日 ★
48 "Заступник Міністра енергетики розповів про пріоритети розвитку атомної енергетики в Україні під час урядової зустрічі з Гендиректором МАГАТЕ" , Міністерство енергетики України★
49 「国連における『核兵器のない世界に向けた共同行動の指針と未来志向の対話』決議案」外務省 ★
50 「我が国核兵器廃絶決議案の国連総会本会議での採択」外務省 ★
51 「科学・技術関係」在日ウクライナ大使館 ★
52 「日本センター」★
53 「ウクライナ日本センターについて」★
54 "Sergei Pavlovich Korolev", National Technical University of Ukraine"Igor Sikorsky Kyiv Polytechnic Institute"★
55 「会田肇 世界最大の貨物機『アントノフ』がセントレアに飛来！」Response、2020年5月29日 ★
56 「光衛星間通信実験衛星『きらり』（OICETS）の状況について」宇宙航空研究開発機構 ★
57 V.ポルトニコフ 「チェルノブイリ原発事故から30年、福島原発事故から5年：ウクライナのロケットと日本の衛星」Nippon.com ★
58 「科学・技術関係」在日ウクライナ大使館 ★
59 「年度別国・地域別外国人研究者受入数」理化学研究所 ★
60 「国際協力の現状」理化学研究所 ★
61 「中村理事長のウクライナ・オデッサ訪問」科学技術振興機構 ★
62 「独立行政法人日本学術振興会の平成２５年度に係る業務の実績に関する評価」【25年度評価】項目別-48 文部科学省 ★
63 「二国間交流事業 共同研究報告書」日本学術振興会 ★
64 同上★
65 「2013年を振り返って（坂田東一　駐ウクライナ日本国特命全権大使）」在ウクライナ日本国大使館 ★
66 "Настає ера пікотехнологій. В Японії", Національний технічний університет України "Київський політехнічний інститут імені Ігоря Сікорського" ★
67 "Українсько-японські наукові дослідження: нові горизонти (додано відео)", Національний технічний університет України "Київський політехнічний інститут імені Ігоря Сікорського" ★
68 "Memorandum of understanding with "Panasonic Ukraine", Національний технічний університет України "Київський політехнічний інститут імені Ігоря Сікорського" ★
69 「二国間協力　科学・技術関係」 在日ウクライナ大使館 ★

70 「ウクライナのフリネビッチ教育・科学大臣による日本訪問」在日ウクライナ大使館 ★
71 「ウクライナ企業および双日株式会社と、水素利用に関する秘密保持契約を締結」Hrein Energy ★

第6章

1 北岡伸一『世界地図を読み直す：協力と均衡の地政学』新潮選書、2019年
2 「文化交流112ヵ国・地域」民主音楽協会 ★
3 「タラス・シェフチェンコ記念ウクライナ国立バレエ 」光藍社 ★
4 「ウクライナ国立歌劇場 旧キエフ・オペラ」 光藍社
5 "Юні японці перемагають «за Одесу»", Газета: Чорноморські новини, 2012.04.28 ★
6 「指揮者 吉田裕史 公式サイト」★
7 「教室紹介」寺田バレエ・アートスクール ★
8 "ТЕРАДА Нобухіро", Національна опера України ★
9 「アツコバレエスタジオ」★
10 「公演案内 - オクサーナ・ステパニュック ソプラノ・リサイタル」民主音楽協会 ★
11 「デニス・ビシュニャ」★
12 「タラス・デムチシン Official Website」★
13 「大谷康子」★
14 「澤田智恵」★
15 「Ono Aki」★
16 「過去の展覧会 黄金のシルクロード—東西文明の交差を訪ねて」岡崎市 ★
17 「特別展『ウクライナの至宝ースキタイ黄金美術の煌めき』」★
18 "Crimean gold must return to Ukraine - Dutch court" BBC, 2021.10.26 ★
19 「日本におけるウクライナ文化月間」日本のページ ★
20 「アートが繋ぐ国際交流！展示室リニューアルプロジェクトの応援を」READYFOR ★
21 「東京における『ウクライナ・ウィーク』の開催について」 在日ウクライナ大使館 ★
22 「日本における『ウクライナ文化月間』のプログラム」（2019年9月～12月）在日ウクライナ大使館 ★
23 「『相撲。チャンピオンの生涯』というバーチャル展示会の開催について」（5月29日～9月1日）在日ウクライナ大使館 ★
24 「ウクライナ ミュージック・ジャーニー vol.16」民主音楽協会 ★
25 "Official Website of Ukraine" ★
26 "Ukraïner 探検旅行" ★
27 「セルギー・コルスンスキー駐日ウクライナ特命全権大使」★
28 「ウクライナの地域と人々 展示」JICA ★
29 「東部戦争で戦死したウクライナ人オペラ歌手追悼コンサート開催」ウクルインフォルム、2021年4月6日 ★
30 「ウクライナ文化、映画で知ろう クリミア侵攻題材の作品も」神奈川新聞 ★
31 "Програма заходу "Місяць української культури" в Японії (вересень-грудень 2019 р.) ", Посольство України в Японі ★
32 "Дякую / Djakuyu Japanese" YouTube ★
33 「熱海国際映画祭、グランプリにウクライナ作『ハルツカ・クセーニャ』」熱海ネット新聞、2019年7月1日 ★

34 「受賞結果一覧」第32回東京国際映画祭
35 「映画『赤い闇 スターリンの冷たい大地で』」★
36 "УКАЗ ПРЕЗИДЕНТА УКРАЇНИ №1/2017", Президент України ★
37 「角大使ポロシェンコ大統領との会談」在日ウクライナ日本国大使館 ★
38 「オデーサ市」横浜市 ★
39 「オデッサ・横浜WEB写真展 <姉妹都市提携55周年>」在日ウクライナ大使館 ★
40 「キーウ市（ウクライナ）」京都市 ★
41 「キーウの木（セイヨウトチノキ）の植樹式について 」京都市 ★
42 「姫路城案内パンフレット（ウクライナ語）を作成しました！」姫路市★
43 「ピースオンウィング～翼に平和をのせて～」★
44 "A charity concert of the famous Ukrainian singer and bandura player, Oksana Stepanyuk was held at Parthenon Tama Hall, Tokyo", Embassy of Ukraine in Japan ★
45 "Zoia Skoropadenko" ★
46 「在日ウクライナ大使館で開催されたゾヤ・スコロパデンコおよび鈴木龍郎の共同展示会のオープニング・セレモニーについて」在日ウクライナ大使館 ★
47 "«Фукусіма-Чорнобиль 10/35»: українська художниця відкрила виставку до роковин аварій на АЕС в Україні та Японії", Радіо свобода, 2021.04.26 ★
48 "Okiagari Koboshi" ★
49 「漫画イベントの開催」在ウクライナ日本大使館 ★
50 「ウクライナのスラブチチでもキッズゲルニカ」Kid's Guernica、2017年3月13日 ★
51 「日本国文部科学省及びウクライナ青少年・スポーツ省間の青少年・スポーツ分野における協力に関する覚書」文部科学省 ★
52 "Федерація сумо України" ★
53 「獅司 - 力士プロフィール - 日本相撲協会公式サイト」★
54 「ホストタウンの推進について」首相官邸 ★
55 Udovik V. "Cultural and Public Diplomacy in Activities of the Embassy of Ukraine in Japan", in I. Matiash and V. Matviienko (eds.) Handbook "Cultural Diplomacy", Kyiv: Directorate-General for Rendering Services to Diplomatic Missions Media Center, 2021 ★
56 「ウクライナ」Kimono Project ★
57 「オリジナル フレーム切手『ウクライナ×日野市 ホストタウン フレーム切手』の販売開始」日本郵便 ★
58 「ウクライナ研究会」★
59 「在留外国人統計（旧登録外国人統計）」政府統計の総合窓口 ★
60 「欧州地域との交流『MIRAI』」外務省 ★
61 "Центр"Нова Європа" ★
62 "Foreign Policy Council "Ukrainian Prism" ★
63 "Research on the perception of Ukraine abroad" Ukrainian Institute ★
64 「東方正教会 ST. JUDE MISSION - Tokyo, Japan」★
65 "Українська школа Джерельце" ★
66 "Про нас – "ХРОБАЧОК" ★
67 「名古屋市にウクライナ人学校開校写真」ウクルインフォルム、2021年4月2日 ★
68 出入国在留管理庁「都道府県別ウクライナ避難民在留者数2022年8月17日現在（速報値）」★

エピローグ

1　在ウクライナ日本国大使館「対ウクライナ支援概要」平成30年2月★

おわりに

1　UNHCR ウクライナ緊急事態 ★、同OPERATIONAL DATA PORTAL Ukraine Refugee Situation ★
2　毎日新聞「ロシアが最大160万人の市民連れ去り」 米国務長官が非難 2022年7月15日★
3　衆議院「ロシアによるウクライナ侵略を非難する決議案（第二〇八回国会、決議第三号）★
4　防衛省・自衛隊「ウクライナへの装備品等の提供について」2022年4月19日★

装幀・本文デザイン　大森裕二

著者略歴

ヴィオレッタ・ウドヴィク
Віолетта Удовік

ウクライナのオデーサ生まれ。メチニコウ記念オデーサ国立大学大学院修士課程修了（国際関係学）。2009年、国費留学生として来日。東京大学大学院法学政治学研究科修士課程修了。2017年8月～2022年1月、在日ウクライナ大使館二等書記官として多数の外交・文化イベント、日ウ要人通訳等に携わる。メチニコウ記念オデーサ国立大学大学院博士号（PhD）取得。歴史学（世界史）博士。

Twitter: @ua_hakken
https://twitter.com/ua_hakken

日本とウクライナ—二国間関係120年の歩み—
日・ウクライナ外交関係樹立30周年記念出版

2022年12月 9日 初版第1刷発行
2022年12月27日 第2刷発行

著　者　ヴィオレッタ・ウドヴィク
　　　　Віолетта Удовік

発行者　松元洋一
発行所　株式会社インターブックス
　　　　〒120-0073 東京都千代田区九段北1－5－10
　　　　TAL：03-5212-4652
　　　　FAX：03-5212-4655
　　　　books@interbooks.co.jp
　　　　https://www.interbooks.co.jp

印刷・製本　シナノ書籍印刷株式会社

Printed in Japan　ISBN978-4-924914-79-7 C3022